WIZARD

1日1回の
レンジトレード

Just a Trade a Day
Simple Ways to Profit from
Predictable Market Moves
by Michael Jardine

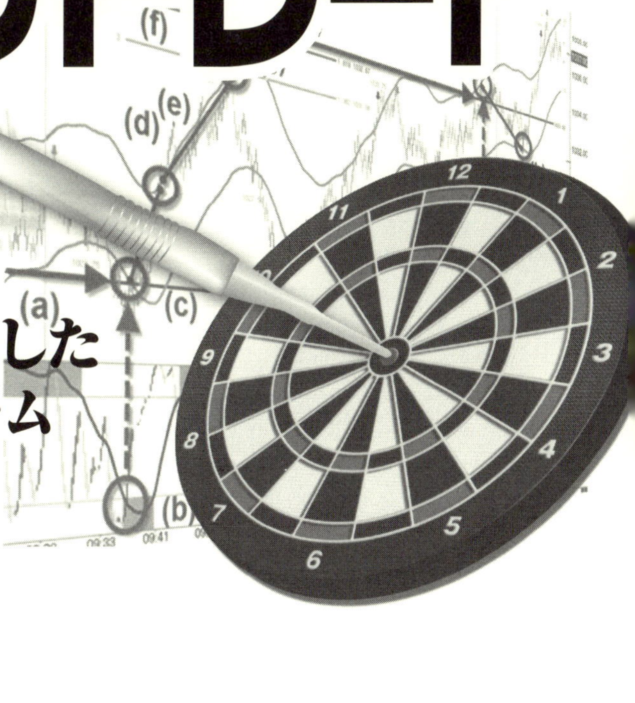

シンプルで一貫した
売買指針システム

マイケル・ジャーディン【著】
関岡孝平【訳】

Just a Trade a Day:
Simple Ways to Profit from Predictable Market Moves
Copyright © 2010 by Michael Jardine
All rights reserved.

Japanese translation published by arrangement
with Marketplace Books Inc.

はじめに
Introduction

> 「あなた方は、急激なテクノロジーの進歩に、どう対処して、自滅せずに生き延びられたのですか?」
> ——エリー・アロウェイ(映画「コンタクト」より)

　私は主人公のアロウェイを演じたジョディ・フォスターのファンではないが、このセリフをとても気に入っている。この映画が製作された1997年当時までに、われわれが技術革新から体験したことを見事に総括しているだけでなく、それからの十数年間には、なおさら当てはまっているからだ。

　そして現在では、テクノロジーに対する幻滅が見え始めているように思えてならない。少なくとも、テクノロジーが何にでも効く万能薬ではないことに、みな気づき始めている。事実、テクノロジーへの不満は、あらゆるところで見られる。スローフードやスローマネーへの傾倒も、そうした兆候の1つだ。

　確かに、ウォール街の銀行(かつての投資銀行)のなかには、最新のコンピュータ技術を用いた、いわゆるハイ・フリークエンシー・トレード(訳注　マイクロ秒単位のトレードを高頻度で繰り返す売買プログラム。略して「HFT」ともいう)のおかげで、1929年の大恐慌以来といわれる最低最悪期から抜け出したところもある。だ

が、そのROE（自己資本利益率）は、50パーセントに遠く及ばない。

そして50パーセントのROEは、私やあなたのような一個人でも、1日1回のトレードだけで簡単に実現できるのだ。そのために必要なことは、市場の原理を理解すること、そしてその理解を売買システムに応用する客観的な方法を持つことだけである。

もちろん、誰でもそれができるとは思わないし、それがサステナブル（持続可能）などともいわないし、スケーラブル（拡張可能）かも分からない。ただ、1つ確かなことがある。私はトレードの「前に」自分のブログに仕掛けのシグナルを掲載している。その500日間の記録では、ジャーディンレンジやフィボナッチ数といった、簡単で平凡な指標を用いることで、50パーセントのROEを実現しているのだ（付録Cに私のブログからとった500日間のトレード記録のサマリを掲載した）。

私は本書の前に『ニュー・フロンティアズ・イン・フィボナッチ・トレーディング』という本を著している。これはフィボナッチ数を使ったチャート分析テクニックとトレード戦略についての基本的な"フィールドガイド"だ。人によって感性は異なるため、人が変われば方法論も変わってくる。私が同書で目指したのは次の3つであった。

まず、デイトレードの基礎を提供することだ。そのために市場構造の基本を紹介するとともに、単純な数列——ダン・ブラウン著『ダ・ヴィンチ・コード』（角川書店）に登場したものと同じもの——が自然界の成長パターンだけでなく、市場にも応用できることを説明した。次に、主としてフィボナッチ数の単純なロジックに基

づく有用なチャート分析術をいくつか紹介した。そして最後に、こうしたテクニックや戦略を用いて、どのようにして自分自身の売買システム——単なる理論ではなく、実際に使えるもの——を作り上げるか、できるだけ易しく説明した。同書で紹介した仕掛けや手仕舞いの方法、ストップ戦略、システムを最適化するテクニックなどは、ネットトレードの世界で実際にリアルタイムに起きている「カオス」を解きほぐして得られたものだ。

さて、前著がフィールドガイドだとすれば、本書は"取扱説明書"である。本書で説明する売買システムは、私がこれまでに出合ったなかで、最も客観的にして、最も首尾一貫しているものだ。そういえるのは、前著で紹介したツールを自分自身で利用して作った売買システムが、出版から6年たっても、一貫してうまくいっているからである。

システムを作るうえで重要なのは、目的を持つことだ。日がな1日トレードをしているのが楽しくてしかたがないという人もいれば、ハイリスク・ハイリターンなのがいいという人もいる。そういう人はラスベガスへどうぞ。そちらのほうが向いている。私の目的は、もう少し現実的だ。少なくとも私の感性に合っている。

私は、1日のうちでトレードの成功率が高いと明白かつ容易に分かるポイントを1つか2つ選んで、最小限のトレードをするのを好む。大物を釣り上げることに興味はないし、たくさんの雑魚を何度も捕まえることにも興味はない。私が望むのは、川岸に腰をおろして、さらさらと流れる川の音を楽しみながら読書をし、そしてここぞというときに釣り糸を垂らし、魚を釣り上げ、家に帰るという毎

日だ。

　ほかのトレーダーとのおしゃべりに時間をつぶし、彼らの方法論や、ほら話に心乱されるのは好きではない。また、急騰、急落、横ばいのたびに相場に煩わされるのもいやだ。私は、相場が上放れたり、下放れたりして「大儲け」の機会を逃したとしても、まったく気にならない。1日に1回、ここぞというトレードができさえすればいいのだ。

　本書では、前著で紹介したテクニックを使って作り上げた合理的な売買システムについて説明する。それが、**ジャーディンレンジ**だ。読者はそれをそのまま活用してもいいし、いま使っている売買システムを補完するように使ってもいいだろう。いずれにせよ、本書を読むことでトレードに一貫性と客観性がもたらされるはずだ。

　そして、ストレスから解放され、パソコンの画面を1日中凝視する必要もなくなるはずだ。貴重な時間を自分にとって本当に大切なこと、魚釣りとか、川の流れの音に耳を傾けることに使えるのだ。

目次

はじめに ─────────────────────── 1
第1章　要約すれば ─────────────────── 11
　　　　これから話そうとすること……11
　　　　マーケットプロファイル……13
　　　　ポイント・オブ・コントロール……13
　　　　バージン・ポイント・オブ・コントロール……14
　　　　ジャーディンレンジ……15
　　　　ユニバーサルチャート……15
　　　　いま話したこと……16

第1部　マーケットプロファイルの基本

第2章　マーケットプロファイル ─────────── 21
　　　　マーケットプロファイルで市場の趨勢を見る……22
　　　　支持・抵抗線……25
　　　　コンジェクチャーライン……28
　　　　コンジェクチャーラインとしてのフィボナッチ数……30
　　　　最高の支持・抵抗線……32
　　　　マーケットプロファイルのプロファイル……35
　　　　理解度確認テスト……42

第3章　バージン・ポイント・オブ・コントロール ──── 45
　　　　フィボナッチの利用……46
　　　　数は力なり……48

CONTENTS

　　価格誘引点としてのPOC……49
　　さらに価格誘引力の強いVPC……50
　　市場の記憶力にも限界が……55
　　理解度確認テスト……59

第4章　ジャーディンレンジ　――――――――――― 61
　　上がったものは……62
　　自然かつ有望……63
　　ニュートンの原点に戻れ……65
　　客観性こそ友、主観は敵なり……66
　　理解度確認テスト……69

第2部　ユニバーサルシステム

第5章　オシレーター系指標を使った仕掛け――――― 73
　　あの曲がりくねった線……73
　　どのオシレーター系指標を使えばいいか？……76
　　ストキャスティックス……78
　　設定はどうすればいいか？……78
　　ならば指標は何の役に立つのか？……79
　　複数の時間枠を使う……80
　　私の設定値――聖杯（ではない）……81
　　「売買」シグナルの客観的必要条件……87
　　売買シグナルを実行する……89

目次

理解度確認テスト……92

第6章 アベレージレンジを使った手仕舞い ——— 93
到達目標の再確認……93
最初の波をとらえる……95
次に行うべきこと……97
利益を守る戦略……98
研究……103
手仕舞い目標の最適化……103
理解度確認テスト……107

第7章 ジャーディンレンジとユニバーサルチャート ——— 109
マーケットプロファイルの設定について……109
第1のチャート――ジャーディンレンジ……112
第2のチャート――ユニバーサルチャート……113
トレードをブログで報告する……121
理解度確認テスト……126

第3部　理論から実践へ

第8章　トレードのタイプ ——— 131
タイプ①ケルトナーチャネルによる標準的な手仕舞い……131
タイプ②ケルトナーチャネルによる手仕舞いと
　　フィボナッチエクステンションの併用……132

CONTENTS

　　　　タイプ③ 2回目の逆トレード……136
　　　　逃したトレード……139
　　　　理解度確認テスト……142

第9章　試練のとき ──────────────── 143
　　　　あのやっかいなストップども……143
　　　　価格ベースのストップ……145
　　　　相場ベースのストップ……146
　　　　ナチュラルストップ……146
　　　　教訓──最悪のシナリオ……147
　　　　資金管理についてひと言……153
　　　　負けることに備える──そして勝つことにも……154

第10章　フィボナッチ数列によるジャーディンレンジの3分割 ── 157
　　　　理解度確認テスト……162

付録　理解を深めるための手引き

付録A　基本的構成要素 ──────────────── 167
　　　　マーケット・ストラクチャー・ロー（MSL）……168
　　　　マーケット・ストラクチャー・ハイ（MSH）……171
　　　　1-2-3 反転パターン……172
　　　　理解度確認テスト……175

目次

付録B　フィボナッチ数について ───────────── 177
　　レオナルド・フィボナッチとそのウサギたち……178
　　黄金比……180
　　波動パターン……181
　　フィボナッチ数列を使って波の大きさを予測する……185
　　理解度確認テスト……187

付録C　500日間の売買結果 ───────────── 189

用語集 ────────────────────── 193

理解度確認テストの解答 ────────────── 201

第1章　要約すれば
In a Nutshell

これから話そうとすること

　高校時代、こう教わった──「まず自分がこれから話そうとすることをみなに伝え、伝えたらそれについて話し、話したらそれを繰り返せ」。その後、長年の経験と1年のMBAコースで、どんなに長い資料であっても「話そうとすること」を1ページか2ページのいわゆる「エグゼクティブサマリー」に凝縮できなければ、何を書いても誰も読んでくれないことを学んだ。そこで、ここでは本書でいいたいことについて書いておきたい。

　私にとって相場は、毎日ゼロからスタートする。私がトレードしているのはEミニS&P500先物（略称ES）だ。現在最も流動性の高い金融商品の1つである。流動性が高いのはいいことだ。高ければ高いほど相場操縦がしにくくなる。

　毎日市場が開くとき、相場がこれから上昇するのか下降するのか、私には皆目見当がつかない。上がりもするし下がりもするだろうというのは確信に近いものがある。だが、最初にどちらの方向に行って最後にどちらの方向で終わるかは、まったく分からない。

　もっとも、それは何の問題でもない。その日の相場の変動幅（レンジ）がどれくらいになりそうかは分かっているからだ。

私は**ジャーディンレンジ**という指標を開発した（詳しくは第４章で説明する）。もちろん、それは値動きがレンジ上限で終わるか下限で終わるか教えてくれるような魔法の水晶玉ではない。だが、とても役に立つツールだ。レンジの上限に行ったらどうすればいいか（売れ！）、下限に行ったらどうすればいいか（買え！）を教えてくれる。

　通常、その日の相場は、ジャーディンレンジのどちらか一方にしか達しない（そこで本書のタイトルとなるわけだ）。

　ときには同日にレンジの両端に達することもあるが、そういうときはバタバタと１日２回のトレードをすることになる。

　また、レンジのどちらにも達しないことがある。そんなときは、ゆったりと構えて読書にふけるか、市場がどうなろうがまったく気にせず、ほかの仕事に精を出すことになる。

　そして、ごくまれに、レンジの外に飛び出してしまうこともある。

　以上が、起き得る選択肢のすべてだ。

　私はこのジャーディンレンジを使った売買システムを開発した。とてもシンプルなシステムである。価格がレンジの境界線のどちらかに向かうのをじっと待ち、そこに達したら、逆方向にトレードをするだけである。つまり、価格がレンジの上限に達したら売り、レンジの下限に達したら買うのだ。

　その後、複数のテクニカル指標（フィボナッチ数を含む）を組み合せて、利益を最大化する手仕舞いのポイントを決める。これでトレード完了だ。

マーケットプロファイル

マーケットプロファイル™は、CBOT（シカゴ・ボード・オブ・トレード、現在はCME＝シカゴ・マーカンタイル取引所グループの傘下にある）が登録商標を持つテクニカル指標だ。プライスヒストグラムという名前でも知られている。

マーケットプロファイルは、それぞれの価格で相場がどれだけの時間を費やしたか（あるいはどれだけの出来高があったか）をヒストグラムの形で表したものである。価格という旗ざおにペナントが掲げられているさまを思い浮かべるといい。

ペナントの形は値動きだけで決まる。相場が広い価格範囲で展開し、特定の価格にとどまる時間が短ければ、ペナントは上下に幅広で先端までが短い、なだらかなものになる。他方、相場が狭い範囲にとどまり、特定の価格にとどまっている時間が長ければ、ペナントは左右に長く、先端が尖った形になる。

ポイント・オブ・コントロール

ポイント・オブ・コントロール（POC）とは、ペナントの先端である「頂点」、つまり相場が1日で最も長くとどまった場所のことだ。場合によっては、頂点が2つ以上できることもある。だが、標準的にPOCは1つだ。頂点までの形は鋭くもなれば、なだらかにもなる。

この頂点の情報は非常に有用だ。なぜなら、その日にトレーダー

が最も「心地良く」トレードできた価格ないしは価格帯だからである。

　人間というのは、本能的に居心地の良い場所に戻りたがるものだ。例えば、あるレストランに行って、そこの料理が気に入ったら、またそのレストランに足を運ぶ可能性が高いはずだ。お腹がすいているとき、たまたまそのレストランのそばを通れば、そこに立ち寄るだろう。

　トレーダーもPOCに対して同じ振る舞いをする。相場が、かつて居心地の良かった場所（POC）に近づくと、実際にそこに行く可能性が高い。水場に行って水を飲まずに帰るような動物は、そこに恐ろしい危険が待ち構えてでもいないかぎり、めったにいない。相場がPOCに近づくと、動物が水場に行くのとまったく同じことが起きる。相場はPOCに行って休憩をとり（水を飲み）、そして引き返すのだ。

バージン・ポイント・オブ・コントロール

　バージンPOC（VPC）は、形成されてから一度も触れられていない、つまり相場がまだ再訪していないPOCを指す。私の造語だ。動物がまだ喉を潤したことのない新しい水場のようなものだ。

　人間は動物と違い、誰もいない居心地の良い、なじみの場所に引き寄せられる。例えば、スキーヤーは新雪の降り積もったお気に入りのゲレンデに集まる。なじみがあるうえに、まっさらで汚れていないのがいいのだ。そのためVPCは、ふつうのPOCよりもはるかに力が強い。したがって指標としての信頼性が、より高くなる。

ジャーディンレンジ

 ジャーディンレンジは、単純に始値のすぐ上にあるVPCと、すぐ下にあるVPCをとって、上下の境界線としたレンジである。両方のVPCは、非常に強力な「重力場」となり、その日の相場に影響を与える。

 相場は、その日のうちに95パーセントの確率で、どちらかのVPCあるいは両方に達する。そして２つのVPCのどちらかに価格が達した場合、高い確率で価格は逆方向に戻す。それがジャーディンレンジだ。その日に魚を釣り上げる格好のポイントとなる。

ユニバーサルチャート

 価格が上昇して上方のVPCに達すると、反落する可能性が高くなり、売り機会となる。価格が下落して下方のVPCに達すると、反騰する可能性が高くなり、買い機会となる。このように、ジャーディンレンジは、多かれ少なかれ相場が反転する確率の高い場所を教えてくれる。

 価格がVPCに達したら、好みのテクニカル指標や手法を使って売買タイミングを決める。私の場合、**ユニバーサルチャート**という手法を開発した。

 ユニバーサル（普遍的）と呼ぶのは、株式、先物、オプションなど、どのような取引対象にも応用でき、また時間枠も選ばないからである。完全にフラクタル（部分と全体が相似形）なのだ。

ユニバーサルチャートは、どのチャートプログラムにもたいていは備わっている２つの指標からなる。

　１つ目の指標は、ストキャスティックスだ。もっとも、オシレーター系の指標なら何でもよい。ストキャスティックスはその１つにすぎない。

　私は２種類のストキャスティックスを使っている。長期間の傾向を見るものと、短期間の傾向を見るものだ。この２つを見比べて、同じシグナルが出ているか確認する。価格がVPCに達したとき、２つのストキャスティックスで仕掛けのタイミングを決める。

　もう１つの指標は、レンジを上下に表示した移動平均線だ。いくつか種類があるが、私が気に入っているのは、ケルトナーチャネルである。トレードを仕掛けたあと、価格がケルトナーチャネルが表示するレンジの反対側に達したら、ポジションの半分を手仕舞う。

　このシグナルが意味するのは、VPCからの反騰または反落の大きさが、現在の市場ボラティリティ（価格変動の度合い）から予想される平均的規模に達したということである。したがって、そろそろ手仕舞うタイミングを計ったほうがよいというわけだ。

　その後、自分に有利な方向にさらに価格が動き続けた場合、利益を最大化するための方法がいくつかある。そこで役に立つのが、フィボナッチ数についての知識だ。

いま話したこと

　最初にマーケットプロファイルを使って前日までのPOCを特定

し、形成後まだ再訪されていないVPCにのみ注目する。毎日市場が開いたら、始値のすぐ上にあるVPCとすぐ下にあるVPCに印をつける。それがジャーディンレンジだ。

　価格がジャーディンレンジのどちらかの端に達したら、好みのオシレーター系指標で仕掛けのタイミングを計る。私は1つの指標だけに頼るのはいやなので、時間枠の異なる2つのストキャスティクスを使っている。仕掛けたあとは、移動平均のバンドを使って、手仕舞いに最適なポイントを決める。そこでポジションの少なくとも半分を手仕舞う。これらはすべてユニバーサルチャートだけでできる。加えてフィボナッチ数に関する知識を使えば、手仕舞いのポイントをさらに最適化できる。

　これですべてである。もうすっかり分かったという方は、これ以上、本書を読み続ける必要はない。まだよく分かっていないという方、理屈を知りたいという方、もっと突っ込んで知りたいという方、実例を見たいという方、別の手法を知りたいという方、私の売買システムが実践でどのように働いているか見たいという方は、続けて読んでほしい。

第1部

マーケットプロファイルの基本

The Basics of Market Profiling

第１部では、マーケットプロファイルとPOCの持つ不思議な力を紹介する。続いて、最も重要な基準点であるVPCとジャーディンレンジについて詳しく解説する。
　ジャーディンレンジは毎日、行動を起こすべきポイントをはっきりと明快に示してくれる。価格がそれらのポイントに達するまで、座って待っていればよい。待っている間コーヒーを飲んでくつろいでいてもいいし、新聞に目を通していてもいい。
　客観的というのは、つまりそういうことだ。

第2章　マーケットプロファイル
The Market Profile

> 「相場がどうなっているか示す指標として、相場以上のものはない」
> ——ジェームズ・ドルトン著『マインド・オーバー・マーケット』より

　ジェームズ・ドルトンは、マーケットプロファイル関連書の決定版ともいえる『マインド・オーバー・マーケット』と、続編の『マーケット・イン・プロファイル』を著している。

　マーケットプロファイルは、ふだん見慣れているものとはまったく異なる角度から値動きを見せてくれる点で、とてもユニークな手法だ。ペナントの形をしたシンプルなグラフで、一定期間（通常1日）の市況の全体像を要約して見せてくれる。

　私の見解では、そうしたペナントの頂点（先端）から得られる情報は、あらゆるテクニカル指標のなかでも最も有用なものである。なぜなら、相場がいやおうなく引きつけられる重力の中心をピンポイントで示してくれるからだ。残る問題は、いつ相場がそこに引きつけられるかだけとなる。

　デイトレードへのマーケットプロファイルの応用方法については、前著『ニュー・フロンティアズ・イン・フィボナッチ・トレーディング』の第10章でいくつか取り上げたが、本書ではそれらを凝縮して、1つの限りなく客観的な手法にまとめた。

客観的トレードの目的は、売買判断から感情や不確かさを排除することにある。コンピュータを用いた自動売買でも可能であるが、大量で頻繁な処理が必要になる。マーケットプロファイルを組み込んだジャーディンレンジを使えば、一般のトレーダーがふつうのデスクトップパソコンといくつかの簡単なチャートだけで、客観的トレードを実現できる。

　なお「マーケットプロファイル」という用語はCBOT（現CMEグループ）の登録商標だが、さまざまなトレード用ソフトに、マーケットプロファイルとまったく同じ、あるいは類似の情報を得られるテクニカル指標が組み込まれている。そうした指標のなかで最もよく使われているのが、エンサインソフトウェア社のハワード・キャリントンが開発した「プライスヒストグラム」である。

マーケットプロファイルで市場の趨勢を見る

　マーケットプロファイルは、**図2.1**に示すように、相場が1日のうちに、どれだけの時間をそれぞれの価格で費やしたか、相対的に示したグラフである。プロファイルの形状は通常ベルカーブ（正規分布曲線）となる。

　最も高く（横に長く）なっているところが、その日、相場が最も長く滞在した価格だ。これをポイント・オブ・コントロール（POC）と呼ぶ。POCが重要なのは、そこが1日でトレーダーが最も心地良くトレードした場所だからだ。

　マーケットプロファイルの背景には、その日のトレードのほとん

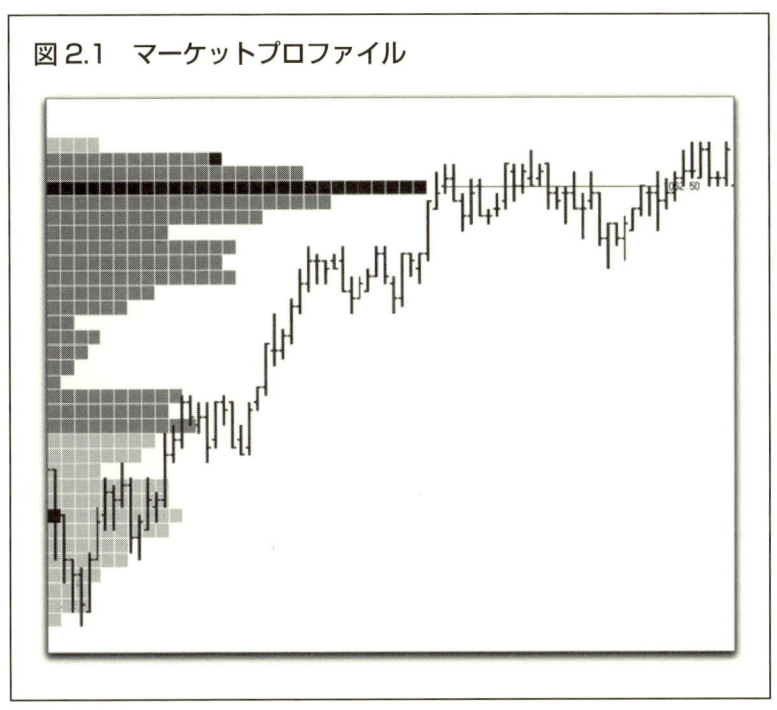

図2.1　マーケットプロファイル

どが「ある価格レンジ」のなかで行われており、極端な価格（マーケットプロファイルの端）では、あまりトレードが行われていないというロジックがある。そう考えると、価格のグループ分けで、非常に重要で示唆に富む情報が得られることになる。この考えは統計手法で使われる前提条件「例外や外れ値を母集団から除外する」と同じだ。外れ値を除外することで、より正確な平均値や代表値を得られるのである。

　図2.2のマーケットプロファイルを見ると、1036.00から1038.00

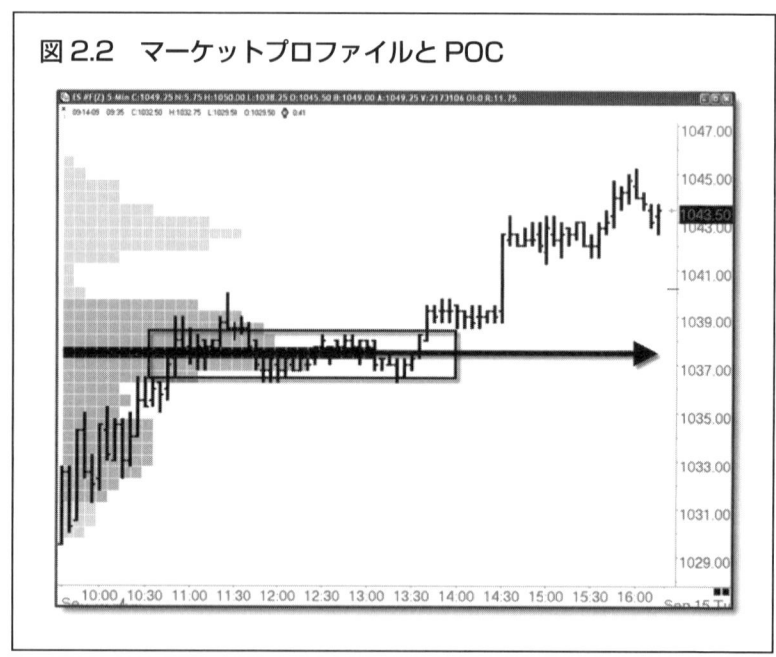

図2.2　マーケットプロファイルとPOC

の価格帯で最も時間が費やされている。なかでも1037.50が最も重要な価格である。これがPOCとなる。

　POCはピンポイントの値を使ってもいいし、パーセントレンジ（例えば95パーセント）でとらえてもいい。あなたの好みしだいだ。

　図2.2をよく見ると、2つの「ペナント」、つまりPOCが2つあると分かる。第2のPOCに着目したのが図2.3だ。私はこれを**マイナーPOC（MPC）**と呼んでいる。

　図を見れば分かると思うが、MPCの重要度は第1POCとの相対的な強さ、つまり大きさによって決まる。これは筋が通っている。

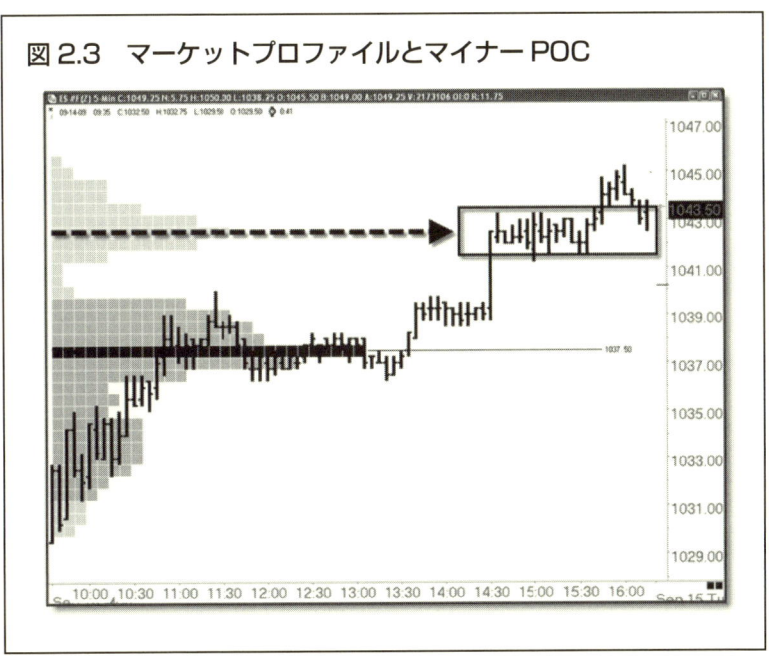

図2.3 マーケットプロファイルとマイナーPOC

　もし相場が1日のうちに2つの異なる価格で同じように居心地良く感じたのだとすれば、それら2つの価格は、その後の価格誘引点として、またトレンド反転の候補として、等しく重要となる。

支持・抵抗線

　ここで大切なのは、マーケットプロファイルのPOCが重要な意味を持つ理由を理解しておくことである。
　トレーダーは下値を支える支持線（サポート）や上値に抵抗する

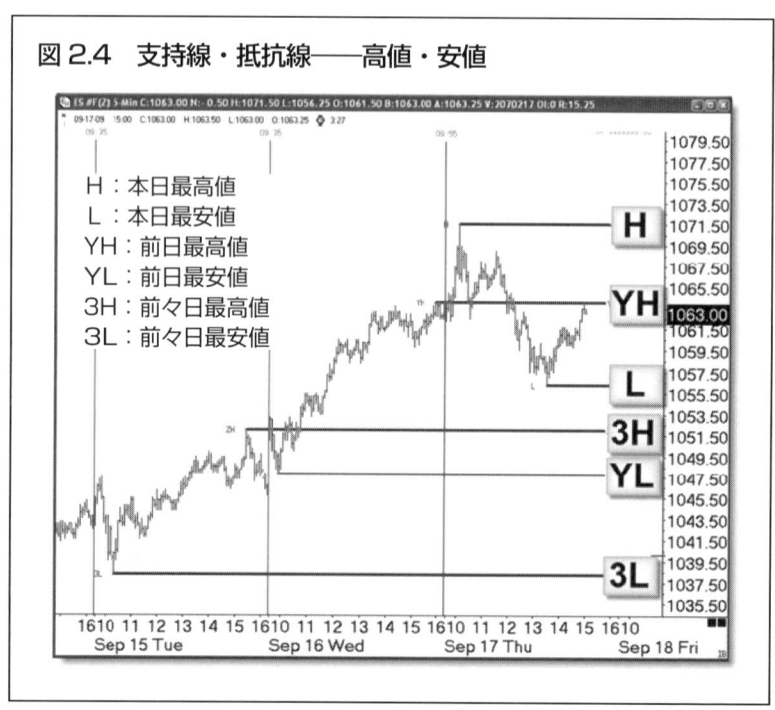

図2.4 支持線・抵抗線──高値・安値

抵抗線(レジスタンス)を探し求めることが多い。それらの線が、トレンドが次に反転する可能性を示唆してくれるからだ。

支持・抵抗線には、値動きそのものから「引かれる」ものがある。直近の最高値・最安値がそのよい例だ。**図2.4**に示したのは、これまでの最高値・最安値から引かれた、分かりやすい「支持・抵抗線」の例である。

ほかに有用な支持・抵抗線として、**ダブルトップやダブルボトム**(図2.5)、**ヘッド・アンド・ショルダーズ**(図2.6)などがある。

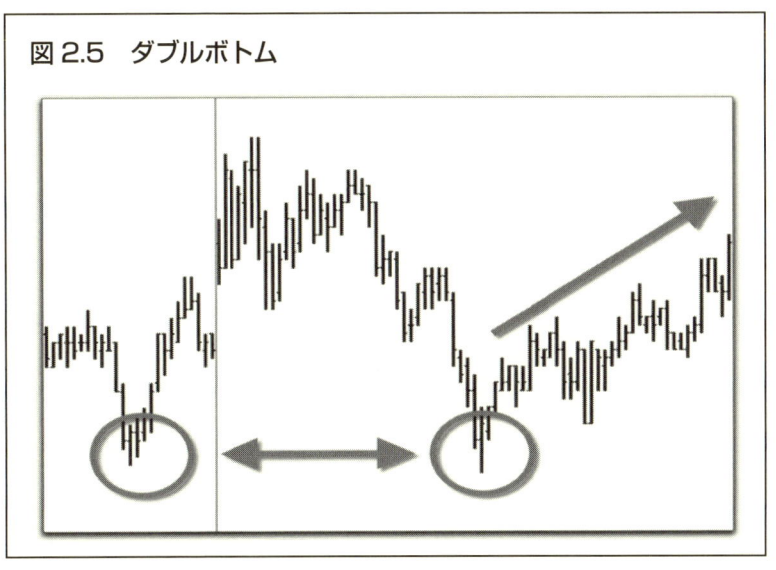

図2.5　ダブルボトム

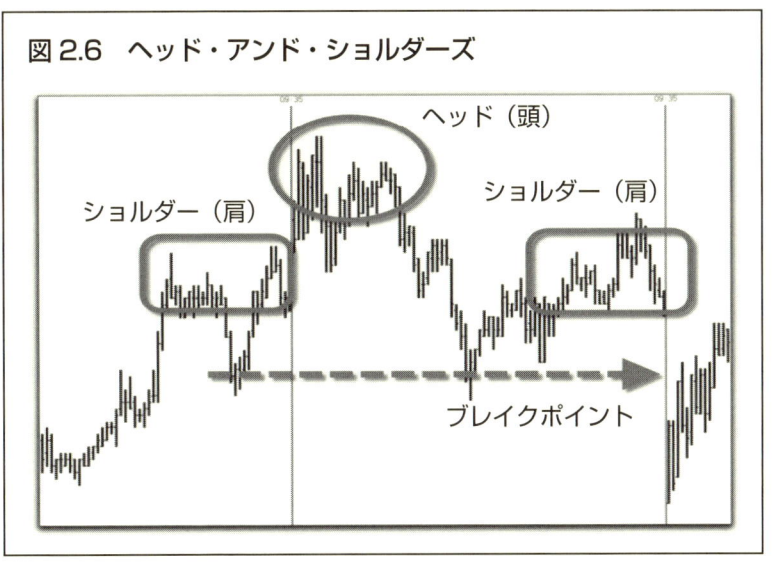

図2.6　ヘッド・アンド・ショルダーズ

それぞれのフォーメーションが、同じチャートからとられていることに注意してほしい。

図2.5には2番目のボトムから絶好の買い機会と思われるパターンが見られる。しかし、**図2.6**では、2つ目のショルダーの下値をブレイクする典型的な売りシグナルが見られた。つまり、2つのフォーメーションは矛盾しているわけだ。

予知能力でもあれば、ボトムで買いトレードを行い、次にショルダーの高値で売りトレードができるだろう。しかし、そうした後知恵的なやり方は願い下げだ。私が欲しいのはもっと明確な支持・抵抗線である。では、計算式はどうだろうか。あるいはフィボナッチ数を使うのはどうだろうか。

コンジェクチャーライン

トレーダーのなかには、過去のデータを数学的に計算して得られるラインを好んで使う者がいる。私はそれらのラインをコンジェクチャーライン（推測線）と呼んでいる。これから市場で起きることを「推測（コンジェクチャー）」するための指標だからだ。

相場はそうしたラインが存在することなど知りもしない。つまり、それらのラインはすでに起きた事実ではない。ただ、チャートを見れば誰の目にもはっきりと分かるように表示できるだけだ。

コンジェクチャーラインは、それを頼りに「ここで何かが起きるかもしれない」と賭けるための計算式である。しかし、何であれ推測に頼らなければならないとすれば、仕掛けのタイミングを決める

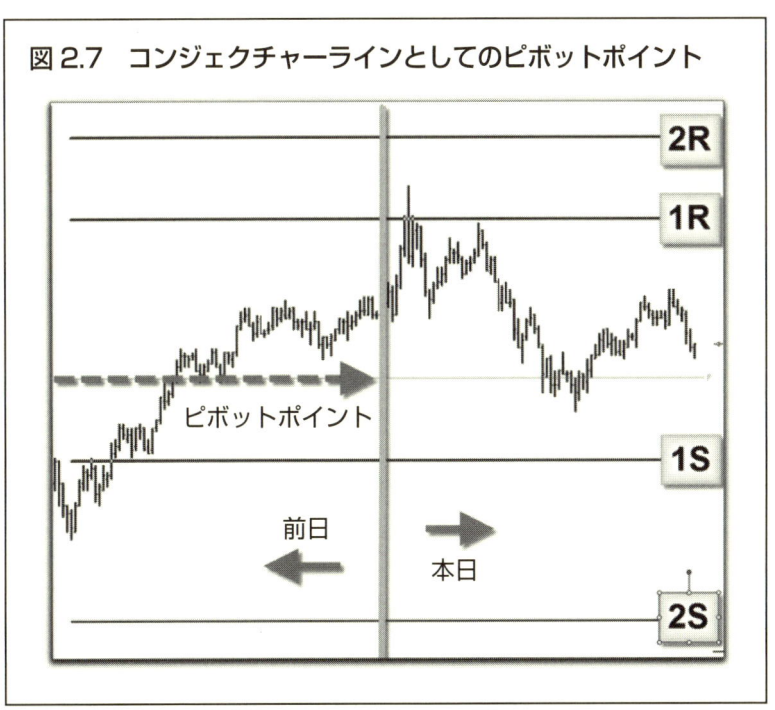

図2.7 コンジェクチャーラインとしてのピボットポイント

方法として使うには、とても不安になってしまう。

　図2.7に1S、2S、1R、2Rで示されている「ピボットポイント」はコンジェクチャーラインのよい例である。ピボットポイントは前日の高値・安値・終値から簡単な計算式で求められる。翌日のトレンド転換点を予測するものだ。

　図2.7にピボットポイントで得られる支持線と抵抗線を示した。図の左半分が前日のチャートであり、右半分がそこ（前日）から得たピボットポイントを適用した当日のチャートである。

ピボットポイントの問題点は、計算式が私には恣意的に思われることだ。各数値は次のように計算される。

```
ピボットポイント＝（高値＋安値＋終値）／3
1R＝2×ピボットポイント－安値
1S＝2×ピボットポイント－高値
```

　このチャートでは確かに1Rでトレンドが反転した。しかし、これは客観的といえるだろうか。この指標を使ってトレードを仕掛けてもいいものだろうか。綿密な観測をしてみないかぎり、それは何ともいえない。

コンジェクチャーラインとしてのフィボナッチ数

　いくら私が、それについての本を書いたくらいフィボナッチ数を好きだといっても、仕掛けのポイントを決めるのにフィボナッチの黄金比ないしはリトレースメント（戻し）水準を使うのは、どう好意的に見ても主観的だ。しかし、だからといって、過去のチャートをあとから振り返ってみたとき、フィボナッチ水準のどれもが絶好の仕掛けのポイントになっていないといっているわけではない。
　あとから振り返るというのは、こういうときには実に素晴らしい。**図2.8**を見ると、何もかもがびしびしときまっている。少なくともあとから振り返ると……。
　私は何もフィボナッチ理論をばかにしているわけではない。その

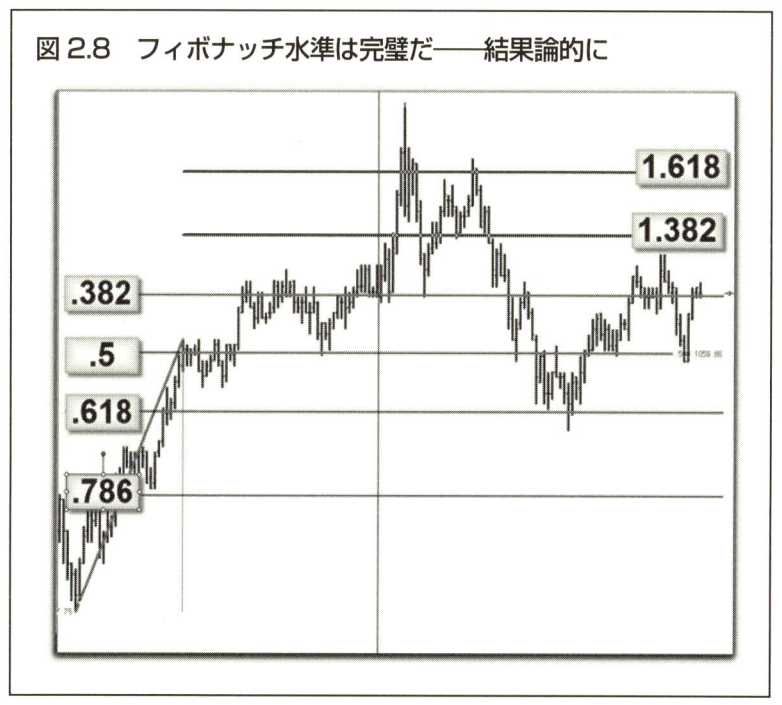

図2.8 フィボナッチ水準は完璧だ――結果論的に

　反対に、フィボナッチ数列は成長サイクル（これを「利益確定ポイント」と読み換えてもよい）の予測モデルとして他に並ぶものがないと思っている。なぜなら、フィボナッチ数列は数学者が"発明"したものではなく"発見"したものだからだ。

　フィボナッチ数の根底にある自然のパターンは、すでに存在していたものである。その応用性は驚くほど広い。

　フィボナッチ数は、仕掛けたあとで利益を最大化するツールとしては優れている。しかし、最初に仕掛けるタイミングを決めるのに

はあまりあてにならない。一方、マーケットプロファイルは仕掛けるタイミングを決めるのにすぐれた手段だ。フィボナッチ数と組み合わせれば、素晴らしいチームができる。

最高の支持・抵抗線

　マーケットプロファイルにもう一度戻って、価格がPOCに近づいたときに何が起こるか、そしてそれはなぜなのか検討してみよう。
　図2.9を見ると、連続する7日のうち6日でマーケットプロファ

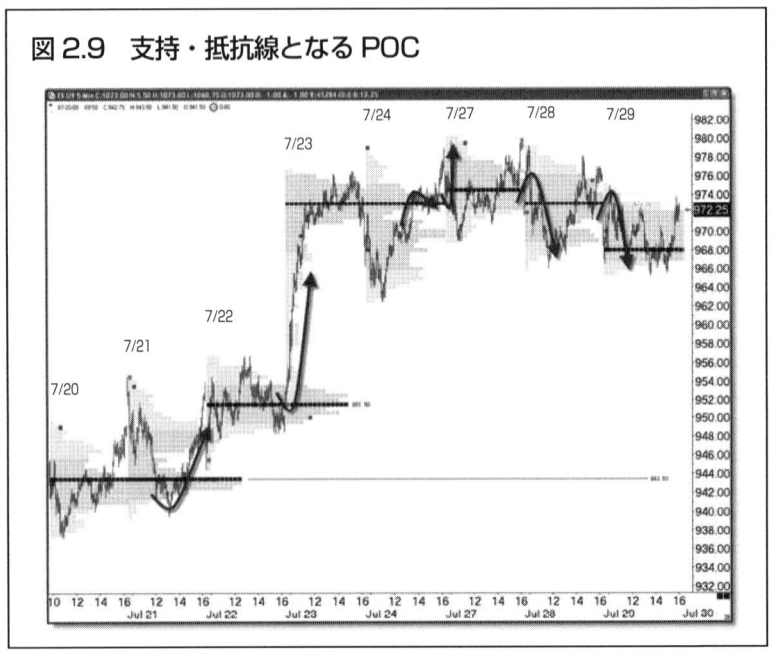

図2.9　支持・抵抗線となるPOC

イルの「支持・抵抗線」が絶好のトレード機会を明示してくれていると分かる。いつもこんなにバラ色とはいわない。だが、優れた売買システムといっしょに使えば、バラ色に近いものになるだろう。

　この図で、水平の太い実線は、それぞれの取引日のPOCである。矢印は、価格が前日POCによる支持・抵抗に会って、そこで反転している様子を示している。

　図2.10でPOCが実際にどのように機能しているか、もう少し詳しく見てみよう。

a．7月20日月曜日、市場はこのポイント（POC）で心地良くトレードをしている。その後、相場は上昇し、このポイントよりもかなり高値で引けた。

b．翌21日火曜日、前日POCよりもはるかに高い価格で取引が始まった。その時点で価格が前日POCまで戻す兆候は、まったく見られない。ところが、時間が経つにつれて価格は徐々にPOCに近づいた。POCに近づけば近づくほど、そこまで下げる可能性が高くなる。

c．価格が前日POCに達した。しかし、急な戻りは発生しなかった。価格はためらいを見せるように、しばらくの間、POCの近辺で推移している。株価が急反発するのは、その日の終わりに近くなってからだった。

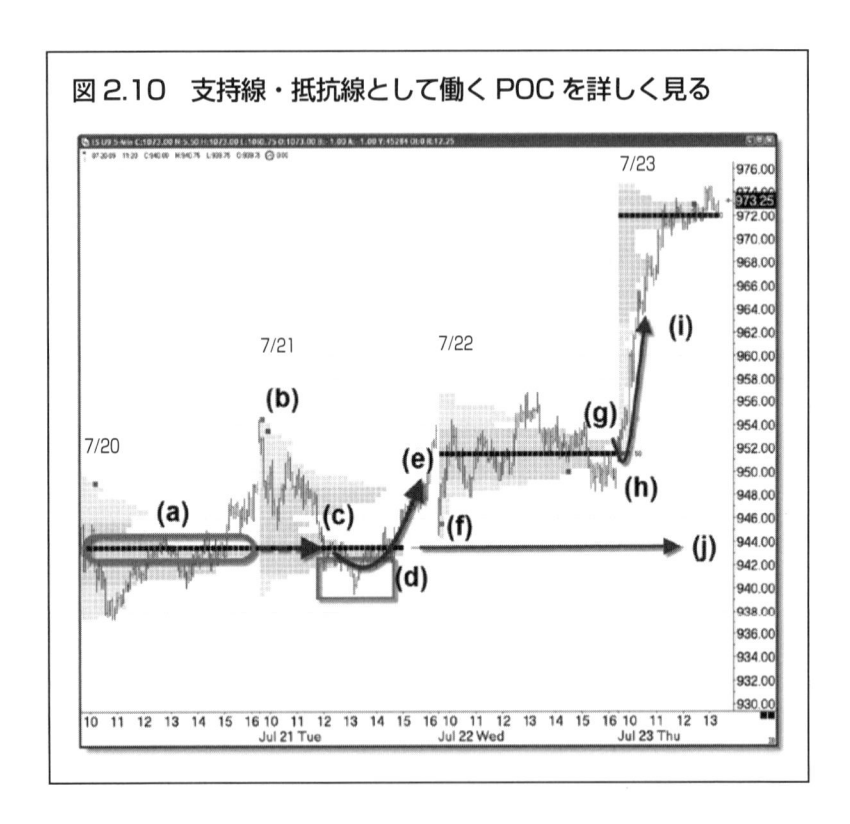

図2.10 支持線・抵抗線として働くPOCを詳しく見る

d．四角の枠はPOCの下にできた「あや」を示している。自分の売買システムを作るときは、こうしたあやに特に注意を払い、ストップロスオーダー（損切りのための逆指値注文）をかけるべきか、そのまま放っておくべきか決めておかなければならない。

e．この場合、このあやからの戻しに乗ることができれば、その日

の終わりに、かなりの利益を手にできただろう。

f．翌22日水曜日、前日POCの少し上で相場が始まり、若干POCを試すような下げを見せたものの、実際には達しないまま上昇した。しかし、気にする必要はない。相場はとても良い記憶力を持っているのだ。

g．翌23日木曜日は、前日POCの少し上から窓をあけて始まった。

h．価格はすぐに下げて前日POCに達し、買い機会が生まれている。

i．手仕舞うタイミングを決める方法にもよるが、ここではかなり大きな利益を上げることが可能だ。

j．21日火曜日のPOCは「やり過ごされて」しまった。だが、心配することはない。ここは、相場が再訪していないPOC、つまりVPCになる。これについては第3章で詳しく説明する。

マーケットプロファイルのプロファイル

　マーケットプロファイルは通常、ペナント、あるいは正規分布曲線を横倒しにした形をしている。しかし、いつもそうだとは限らない。マーケットプロファイルにはさまざまな形状があり、それぞれがその元となる値動きを見事に表している。

POCはマーケットプロファイルから得られる最も重要な情報だが、プロファイルの形状を見ることもまた、ひとしく重要だ。ここで、マーケットプロファイルの主要な形状と、それをトレードに活用する方法について説明する。

１．ノーマルプロファイル
　図2.11に示すようにノーマルプロファイルは、先の尖ったペナントを１つ持っている。これは、相場がごくせまい価格領域でかな

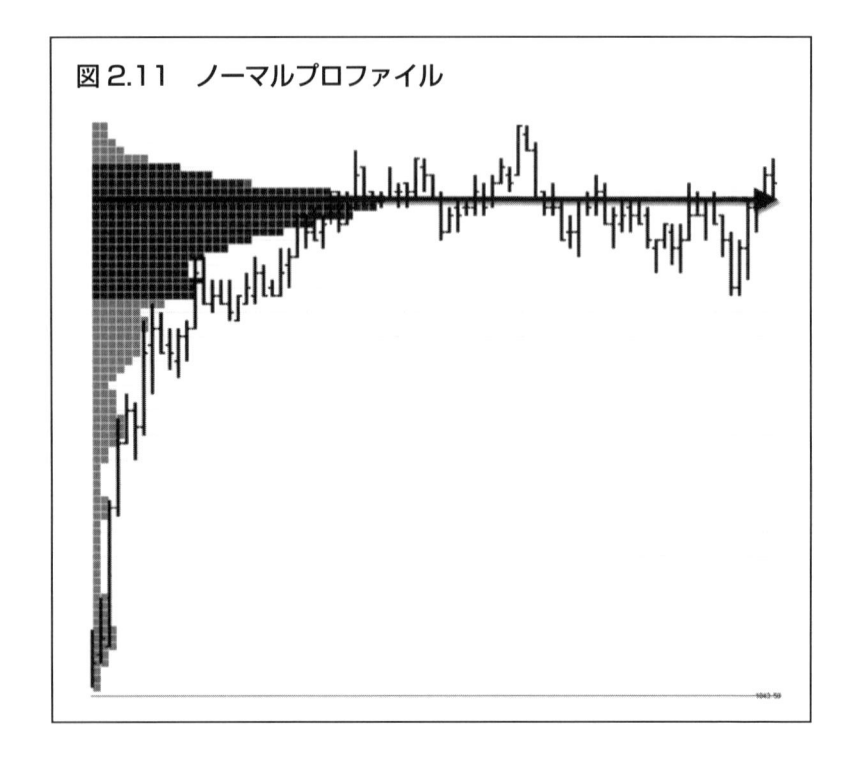

図2.11　ノーマルプロファイル

り長い時間を費やしたことを示している。いうまでもなく、この形状から得られるPOCがトレードに最適なPOCである。

2．マルチ・ペナント・プロファイル

マルチ・ペナント・プロファイルは、図2.12に示すように、複数の頂点を持っている。明瞭な頂点であれば、いずれもトレンド反転のポイントとなる。

図2.12は3つの明瞭なペナントがある例で、とりわけ2つのペ

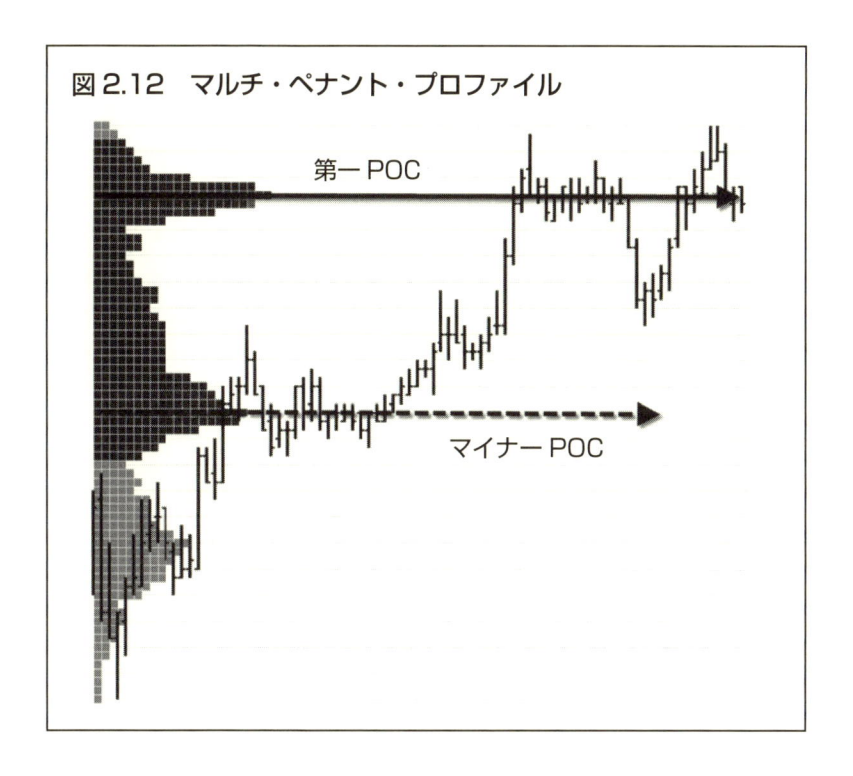

図2.12　マルチ・ペナント・プロファイル

第一POC

マイナーPOC

ナントが大きい。私は2番目に大きなペナントの頂点をマイナーPOC（MPC）と呼んでいる。

3．ダブル・ペナント・プロファイル

　名称からも分かるように、ダブルペナントは、同じ大きさの、明瞭で先の尖ったペナントを2つ持つ。それぞれのペナントが1日のどの時間帯で形成されたかは重要ではないし、連続した時間帯のなかで形成されたか（**図2.13**の下側のペナントがそうだ）、あるいは

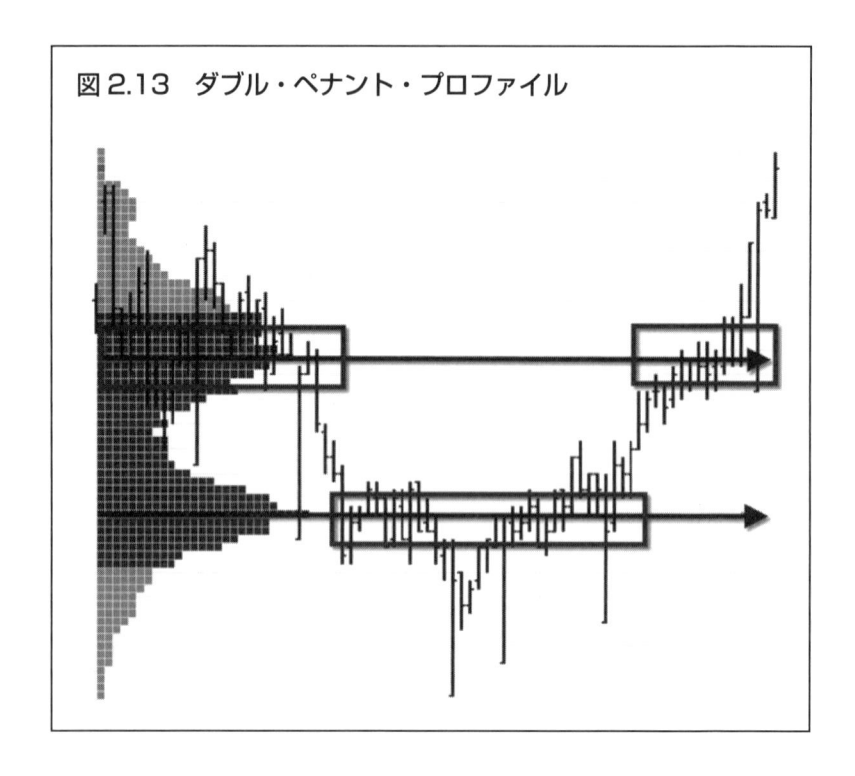

図2.13　ダブル・ペナント・プロファイル

2つ以上の異なる時間帯のなかで形成されたか（上側のペナントがそうだ）も重要ではない。両方とも強さは同じであり、相互に補完しあう。

4．フラットプロファイル

　フラットプロファイルが出たら取引は避けるべきだ。それは、値動きが定まらないこと、交錯していることを示しているからである。

　図2.14で示すフラットプロファイルはマルチ・ペナント・プロ

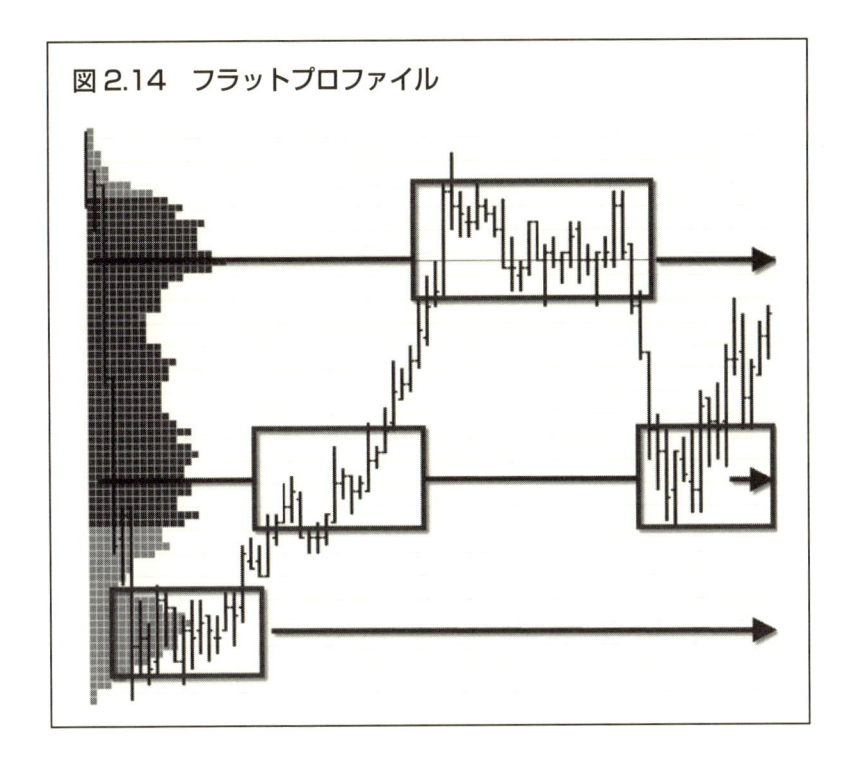

図2.14　フラットプロファイル

ファイルと似ているが、ペナントの形状が不明瞭な点で異なる。どれも形がはっきりしない。近寄らないほうが身のためだ。

5．ブラントプロファイル

　ブラントプロファイル（**図2.15**）は、市場が狭い範囲でいくつかの価格を試してみたものの、とりわけ居心地の良い価格がなかったことを示す。

　ブラントプロファイルの場合、プロファイル全体を、限定的なト

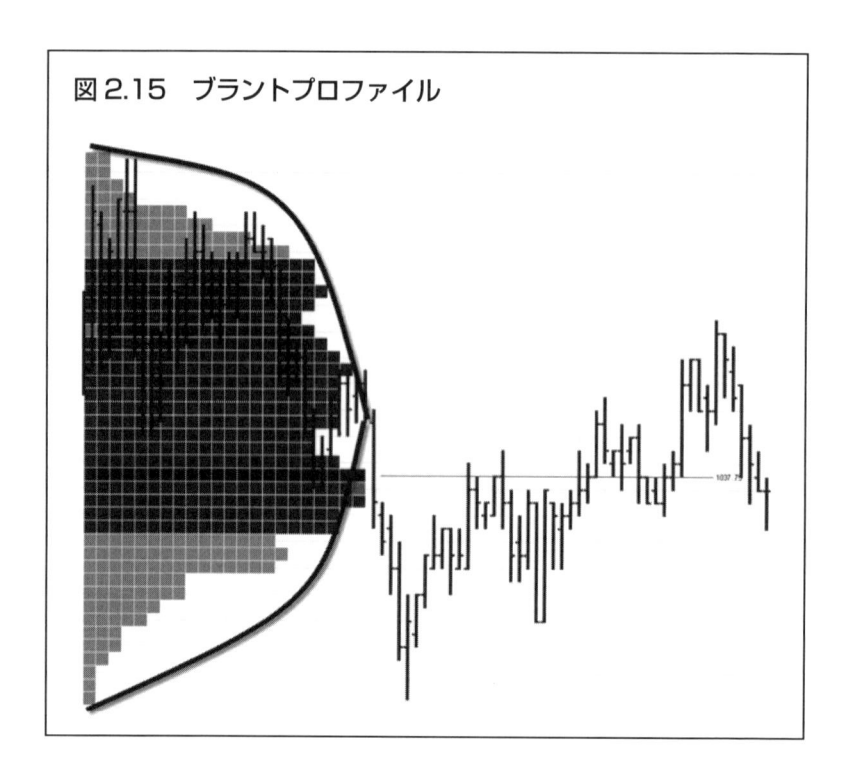

図2.15　ブラントプロファイル

レンド反転の可能性を持つ揉み合いゾーンとして扱うことになる。ブラントプロファイルはデイトレードでスキャルピング（訳注　わずかな利幅を狙って短時間の売買を繰り返すこと）など、お好みのトレードに使っていただいて結構だ。しかし「1日1回のトレード」には使ってはならない。

　POCがトレーダーにとって重要なのは、目にはっきり見える支持・抵抗線になるからである。その点で、POCはほかの主観的な転換点指標よりも客観的な使い方ができる。そのほかの指標は数学的な式から算出されるものであり、トレーダーが目で見ることはできない主観的なものである。

理解度確認テスト

1. マーケットプロファイルが示すものは？
   a．作図の対象となっている株式の発行会社の財政状態
   b．値動きの速さとボラティリティ
   c．それぞれの価格において市場が費やした時間
   d．価格ごとの滞留時間と出来高の乖離

2. ポイント・オブ・コントロールとは？
   a．市場が最も時間を費やした価格
   b．コンジェクチャーラインにより得られる相場の転換点
   c．過去の値動きから得られる相場の転換点
   d．価値についての主観的な見方で、ストップ管理に役立つ

3. ペナントとは？
   a．ワールドシリーズ出場権の別名
   b．ヘッド・アンド・ショルダーズに似たチャートのパターン
   c．急激な相場の転換点
   d．マーケットプロファイルで最もよく表れる形状

4. ペナントの形で重要なこととは？
   a．重要なことはない
   b．形があいまいになるほど、シグナルとしての有用性が強くなる
   c．形がシャープになればなるほど、シグナルとしての有用性が

強くなる
　d．2回続けて同じ形のペナントが出現した場合、相場にトレンドが発生している

5．次のなかで客観的なテクニカル指標はどれか？
　a．週足の高値・安値
　b．マーケットプロファイル
　c．ピボットポイントのS1とR1
　d．フィボナッチエクステンションとリトレースメント水準
　e．aとb
　f．aとc
　g．bとd
　h．cとd

☞ 解答は201ページに

第3章　バージン・ポイント・オブ・コントロール
The Virgin Point of Control

　ポイント・オブ・コントロール（POC）が強い価格誘引点だとすれば、まだ市場が再訪していないPOC（**図3.1**参照）は、それよりもさらに強力な価格誘引点である。

　私はこれを「バージンPOC」、略してVPCと呼んでいる。なぜそうなのか、事例を使って、第2章で学んだ主な事項をいくつか復習しながら理解しよう。

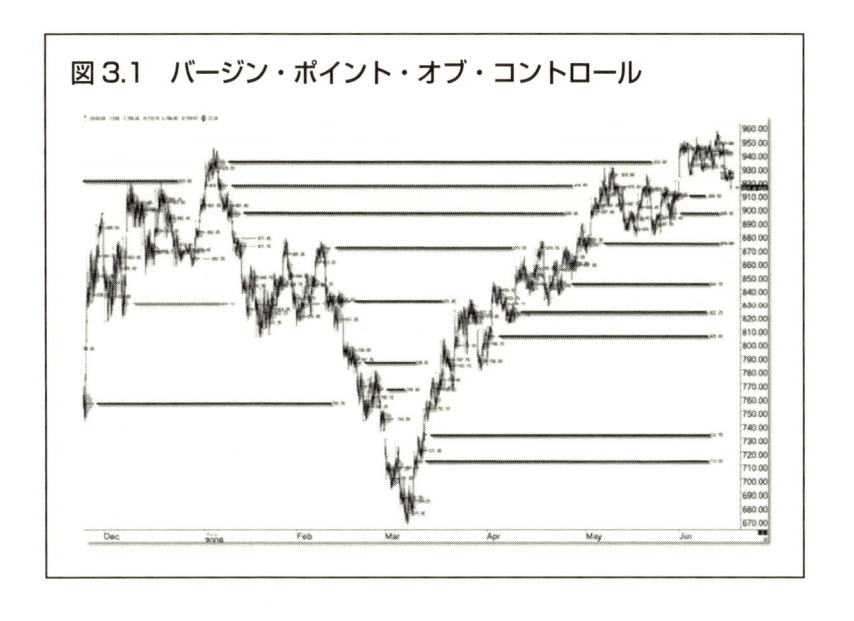

図3.1　バージン・ポイント・オブ・コントロール

フィボナッチの利用

　前章で見たように、POCは強い価格誘引点となる。その理由は、自然な傾向として、相場というものは、過去に居心地が良かった場所、つまり出来高が大きかったり最も時間を費やしたりした場所を追い求めるからである。
　次の問題を考えてみてほしい。図3.2に見られるダブルボトムで買いトレードに入ったとしよう。トレードを手仕舞う場所としては

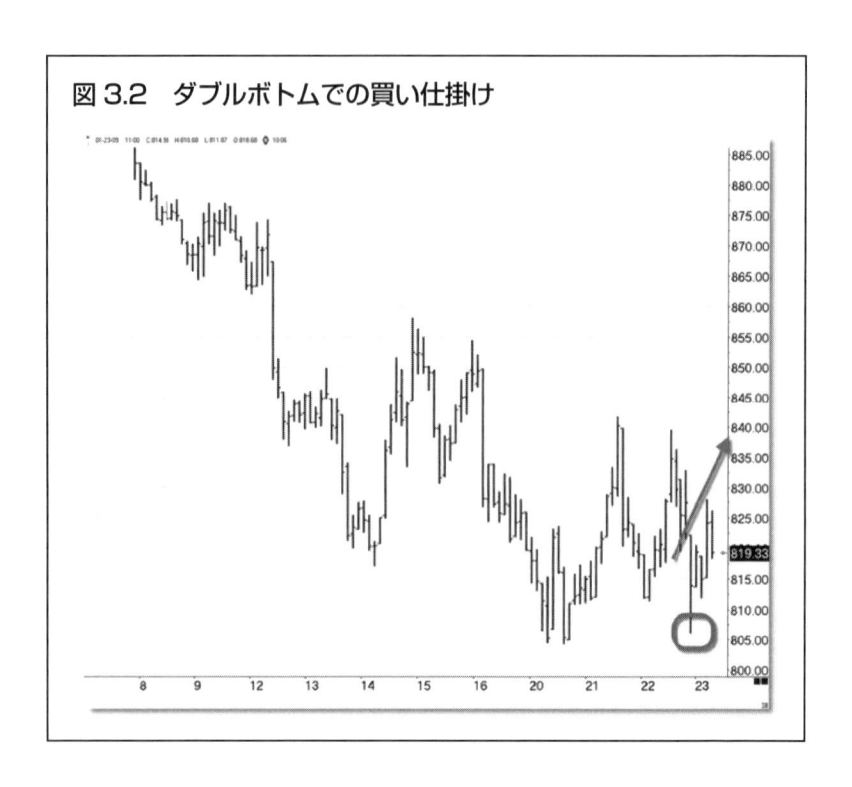

図3.2　ダブルボトムでの買い仕掛け

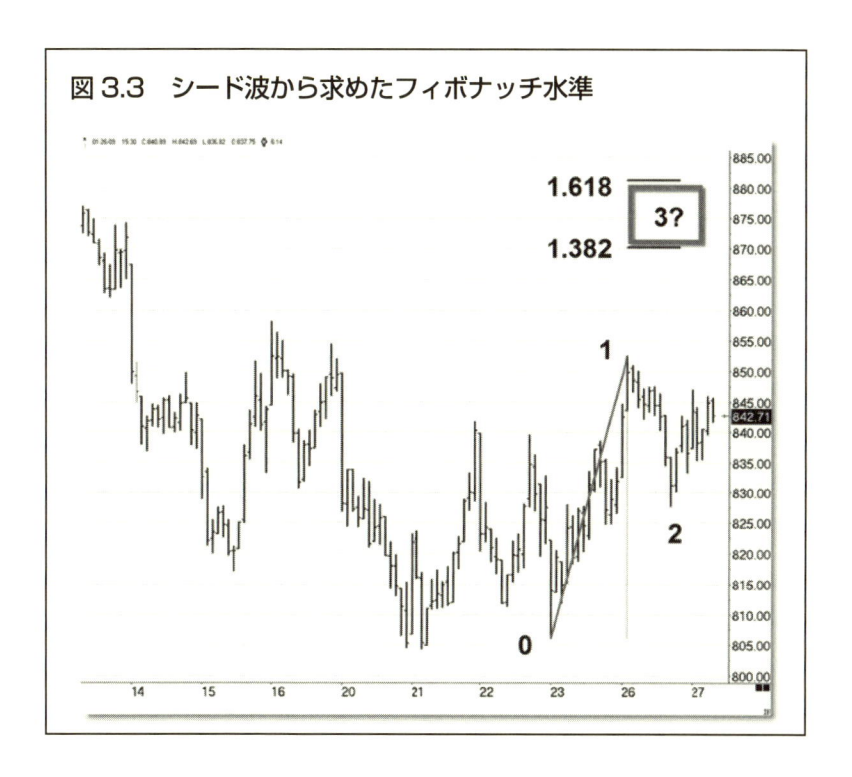

第3章 バージン・ポイント・オブ・コントロール

図3.3 シード波から求めたフィボナッチ水準

どこが適当だろうか。トレードのタイプはスキャルピングでも、スイングでも、短期売買でもいい。利益確定に最適な場所はどこだろうか。

フィボナッチ数とシード波（訳注　トレンドが反転するときに新しいトレンドの始まりとなる第1波。後述）についての知識を応用すれば、手仕舞いに最適な場所は、**図3.3**に示すように、反転第1波の振幅に1.382～1.618を掛けた価格帯となる。

数は力なり

　話は変わるが、この事例に関連して強調しておきたいことがある。それは、複数のテクニカル指標を使って相互に確認し合ったほうがいいということだ。理由は単純で、そうすることで市場が、指標の示すとおりに動く可能性が高まるからである。

　ただし、あるリンゴが告げていることを確認するのに別のリンゴを使わないよう、気をつけなければならない。例えば、MACDを使ってストキャスティックスのシグナルを確認するのは、NBCのラジオ電波を使ってNBCのテレビ電波を確認するようなものである。

　指標同士の相互確認が機能するのは、それらの指標が異質なものである場合だけだ（ただし、若干有効性は落ちるが、同じ指標――もう1つのリンゴ――を使ってうまくいく方法もある。同じ指標でも異なる時間枠のものを使うのだ。詳しくは第5章を参照）。

　私の考える最も良い方法は、支持・抵抗線のどれかとコンジェクチャーラインのどれかを組み合せて使うことである。それらは異なるデータ源を用いていることが多いからだ。

　図3.3に示したフィボナッチ水準は、反転トレンドの第1波の高さから算出されるもので、コンジェクチャーラインとして使える。では、支持・抵抗線として何を使うのがいいだろうか。

　図3.4は、図3.3と同じチャートにマーケットプロファイルを重ねたものである。

　マーケットプロファイルは、予測も推測もせず、過去に何が起きたかを視覚的に示すだけだ。したがって、支持・抵抗線として理想

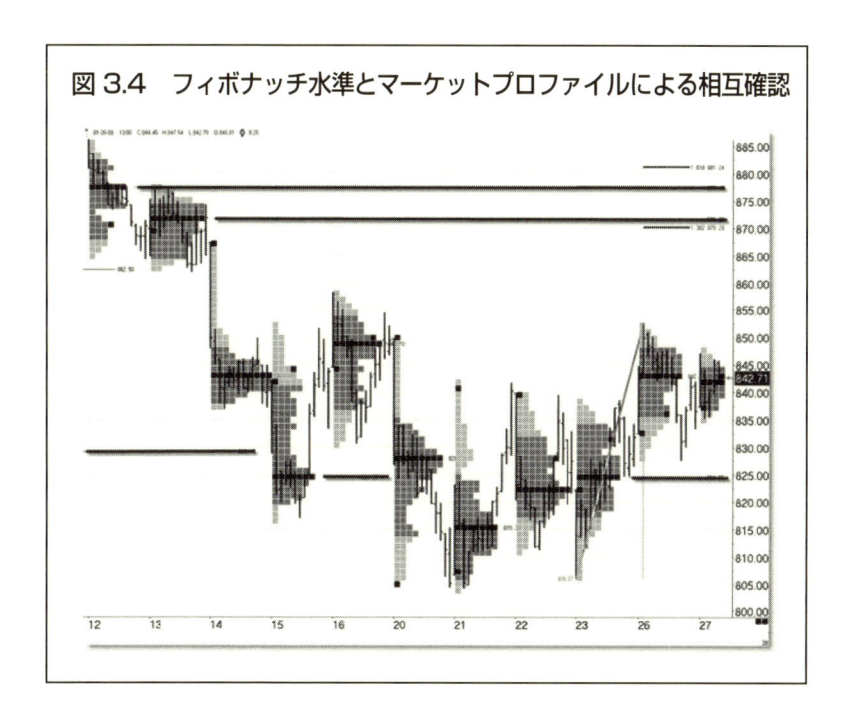

第3章 バージン・ポイント・オブ・コントロール

図3.4 フィボナッチ水準とマーケットプロファイルによる相互確認

的である。

　図3.4の水平方向の実線は、前日のマーケットプロファイルからのPOC（ポイント・オブ・コントロール）である。

価格誘引点としてのPOC

　この事例では、図3.5に示すように、フィボナッチ水準が予測した領域と、当月12日と13日のPOCで挟まれた領域がちょうど重なったところで、反転ポイントとなった。

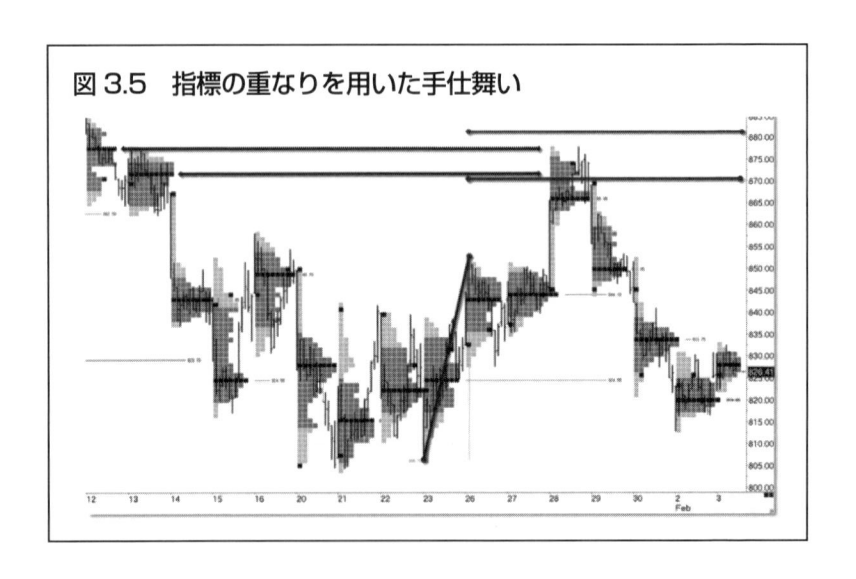

図3.5　指標の重なりを用いた手仕舞い

　この事例のポイントは、異なる指標の重なりが情報として有用だということだけではない。前日からのPOCが通常強力な価格誘引点として作用することも、**図3.5**からよく分かるはずだ。2つの物体の距離が近づけば近づくほど引力が強くなるのとまったく同じように、価格がPOCに近づけば近づくほどPOCが価格を「引き寄せる」可能性も高くなるのだ。

さらに価格誘引力の強いVPC

　POCは強い価格誘引点であるが、バージンPOC（VPC）はその力がさらに強い。VPCとは、作られてからまだ一度も相場が訪れていない未踏のPOCである。

第3章　バージン・ポイント・オブ・コントロール

図3.6　POCの3つのタイプ

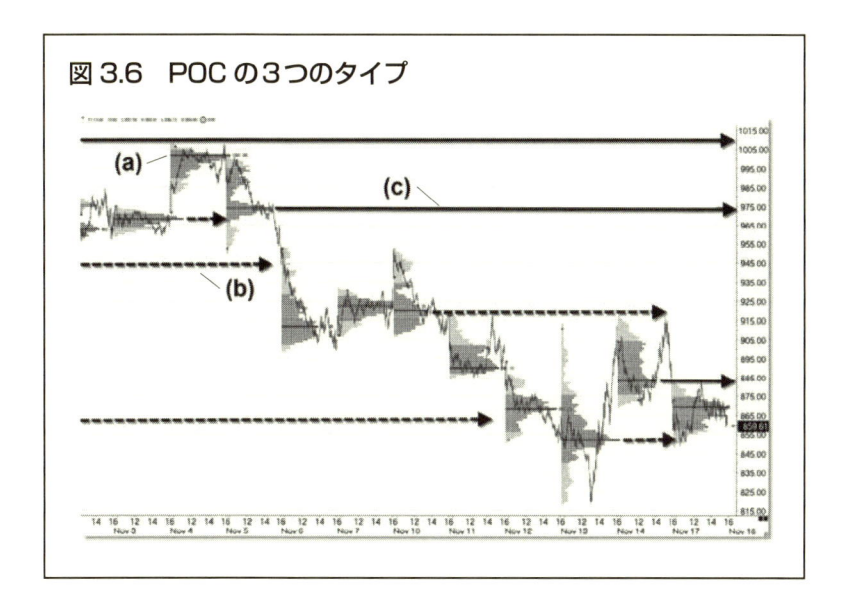

　図3.6は、マーケットプロファイルで見られるPOCの3つのタイプを示している。

a．翌日すぐに再訪されているPOC。このタイプが最も多い。未踏だった期間は1日にも満たない（細い実線）。

b．数日後に再訪されているPOC。つまり数日、未踏の期間があった（破線）。

c．少なくともこのチャートが作成された時点ではまだ再訪されていないPOC。以前、未踏の状態である（太い実線）。

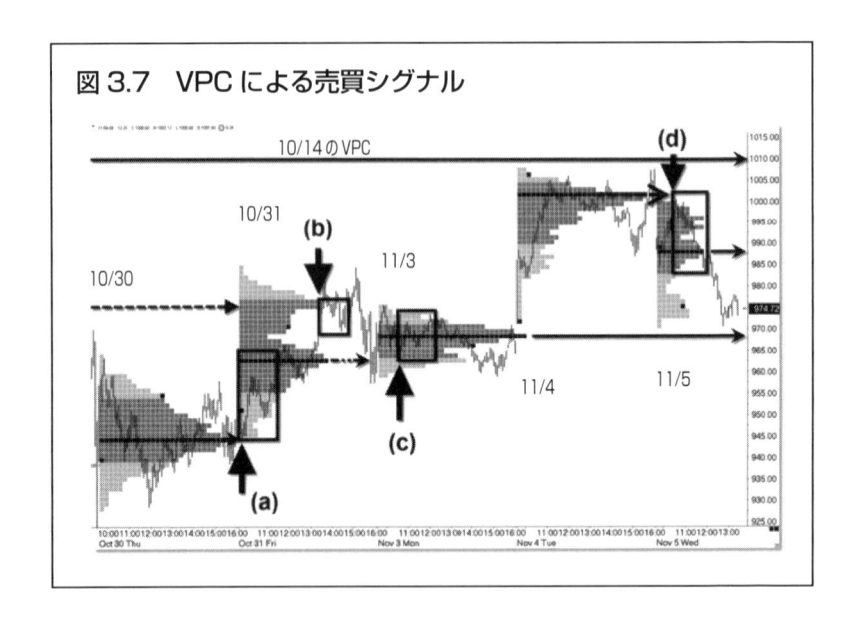

図3.7　VPCによる売買シグナル

　図の前半2008年11月上旬に何が起きているかを詳しく見るために図を拡大してみよう（**図3.7**）。

　2008年11月といえば、世界恐慌以来の大暴落に見舞われた直後であり、株価は依然底を探っている状況だった。**図3.7**は10月30日から11月5日までの実働5日間のチャートだが、その間、相場はVPCでの反転を繰り返しており、何度も売買の機会が生まれていた。四角の枠は売買機会を、太い矢印は仕掛けるポイントの候補を示している。

ａ．10月31日金曜日、前日のPOCのすぐ上から取引が始まった。前日に作られたPOCは、定義上、相場がそこを通過しないか

ぎりVPCである。価格はすぐに下げて押し目を作り（小さな窓埋めをしながら）、その後もともと向かっていた方向へと反転し、上昇した。少なくともあとから振り返って見るとそうなっている。ここに典型的な3波のシード波反転の形が見てとれる。ここでトレードをしていたら、どれだけの利益が得られただろうか。本書のここまでの説明では、それに答えるための重要なピースが2つ欠けている。仕掛けのポイントと手仕舞いのポイントである。それについてはこのあとすぐ説明しよう。

b. 同日午後、価格は上昇して10月21日のVPCに達した。利食いの機会に続いて、空売りの機会が生まれている。ここで相場がただちに反落していないことに注目してほしい。明らかな空売りの機会であることは分かる。だが、それが確かなものになるには、複数の指標が同じ売りシグナルを出していることが前提となる。

c. 11月3日月曜日、市場は揉み合いとなった（繰り返し指摘しておくが、あとから振り返ってみてのことである）。だが、1時間後に金曜日のVPCの水準まで下げ、そこから反騰して、およそ5ポイントの利益が得られる小さな機会を作った。もっとも、EミニS&P500先物で5ポイントの利益というのは、悪くない成果だ。1枚あたり250ドルの利益に相当する。

d. 翌11月4日火曜日は、インサイドデー（訳注　価格が2つの

VPCに挟まれたレンジ内部だけで動き、どちらのVPCにも達しない日)となった。価格は、10月14日に形成されたVPCに達しないまま、その手前で失速したのだ。そして、この値動きで新たなVPC（d点に向かう横向きの矢印）が作られた。翌水曜日、相場は前日終値から窓をあけて安く寄り付いた（一番右のペナントの旗ざおにあたる部分）。このように窓があいたらトレードは不可能に近い。窓があいたあとは次の３つが起こる可能性があるからだ。

①価格が横ばいで推移する
②そのまま窓をあけた方向に向かって急激に動く
③窓を埋めようとする

このうちどれが起きるかを予測するのは、サイコロばくちに金を賭けるようなものだ。私は自分の予知能力の限界を知っているので、予測をするのではなく、価格が前日のVPCに向かって戻していくようなことがあったら、そのときすばやく反応できるようにしたい。そして、それがこのとき実際に起こったことだった。前日のVPCのところで——そろそろ読者のみなさんも理解され始めていると思うが——予想どおりに相場は反転したのだ。

次のような疑問を持つ方もいるかもしれない。「すでに相場が再訪してしまったPOCはどうか。トレンド反転ポイントとしてまだ

図3.8 POC 対 VPC

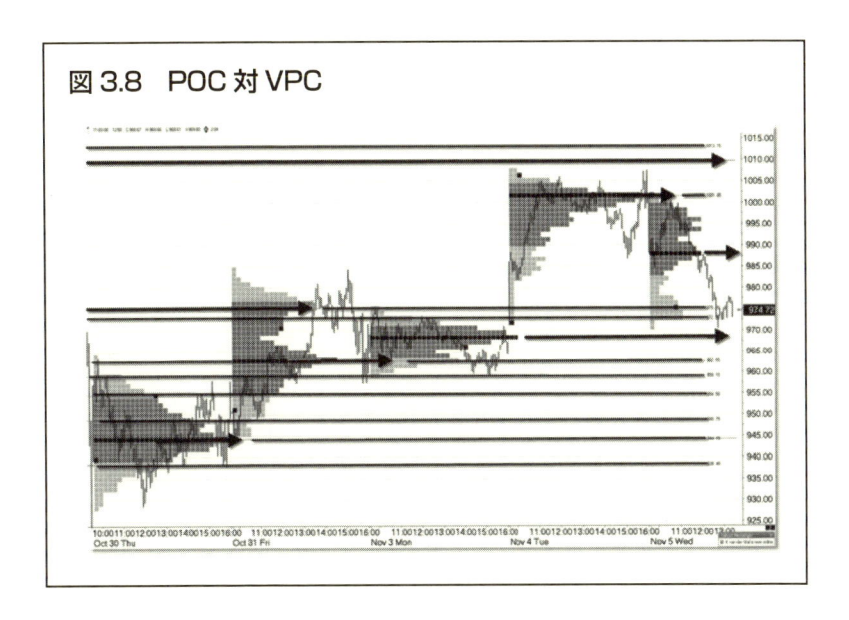

有効だろうか?」。

それには**図3.8**が答えを出してくれるだろう。すべてのPOCに横線を引いてみると、値動きの主要な転換点になっているものがいくつかある。

市場の記憶力にも限界が

1日1回か2回のトレードで継続的に利益を上げる客観的な方法の構築へと移る前に、触れておきたいことが1つある。VPCができてから時間が経過すればするほど、そのVPCが価格を誘引したり反転ポイントとなったりする力は弱くなるということだ。

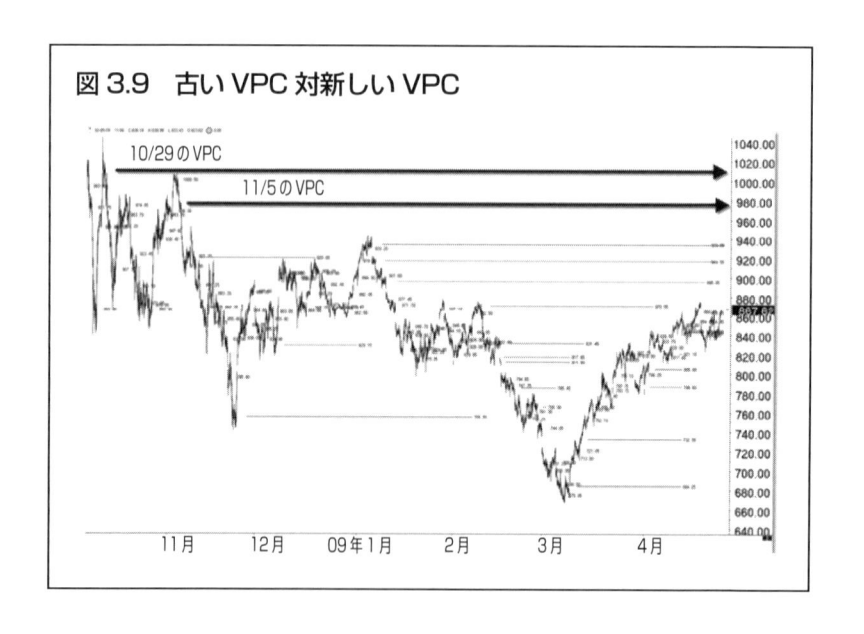

図3.9　古いVPC対新しいVPC

　この点を説明するために、比較的古い２つのVPCを見てみよう。**図3.9**をご覧いただきたい。一番上の実線が2008年10月29日のVPCであり、二番目の実線が同年11月５日のVPCである。

　まず11月５日のVPCに注目して値動きを見てみよう。**図3.10**を見ると、相場はこのVPCに向けて急上昇しているのが分かる。

　これを見たら、VPCで価格が反転して、少なくとも１回は売りトレードの機会が生まれることを期待するところだ。しかし、相場はいったん976.00付近に達してから、そこをかなり――少なくとも15ポイント――行き過ぎてから、ようやく息切れしているのだ。

　このVPC付近が強い抵抗ゾーンとなっているのは確かである。見てのとおり、市場が再上昇を開始する前に上下約20ポイントのレ

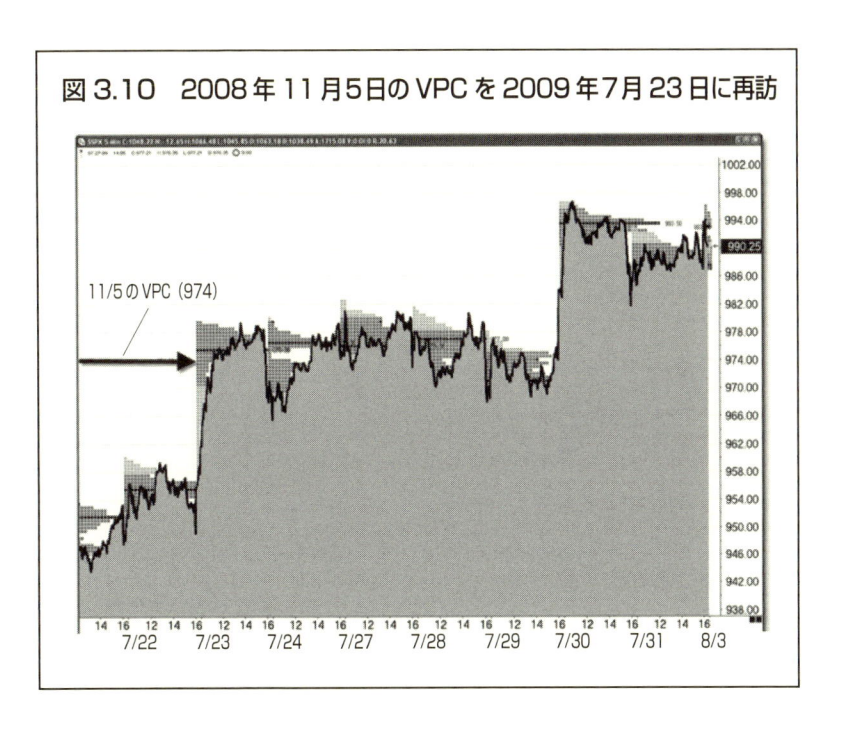

図3.10　2008年11月5日のVPCを2009年7月23日に再訪

(11/5のVPC (974))

ンジで5日間揉み合っている。しかし、少なくともデイトレードという時間枠では、利益が得られる客観的な売りトレードの機会はまったくない。

　次の例では、もっとあからさまな注意信号が出ている。**図3.11**は形成後約1年がたったVPCの「反発力喪失」の例である。相場は2008年10月29日のVPCに向けて急騰したものの、あたかもそのVPCが存在しないかのように、あっさりと通り過ぎてしまった。

　もっとも、その少し上で反転しており、その誤差は6ポイントにすぎない。したがって反発力がゼロではない。だが、反転シグナル

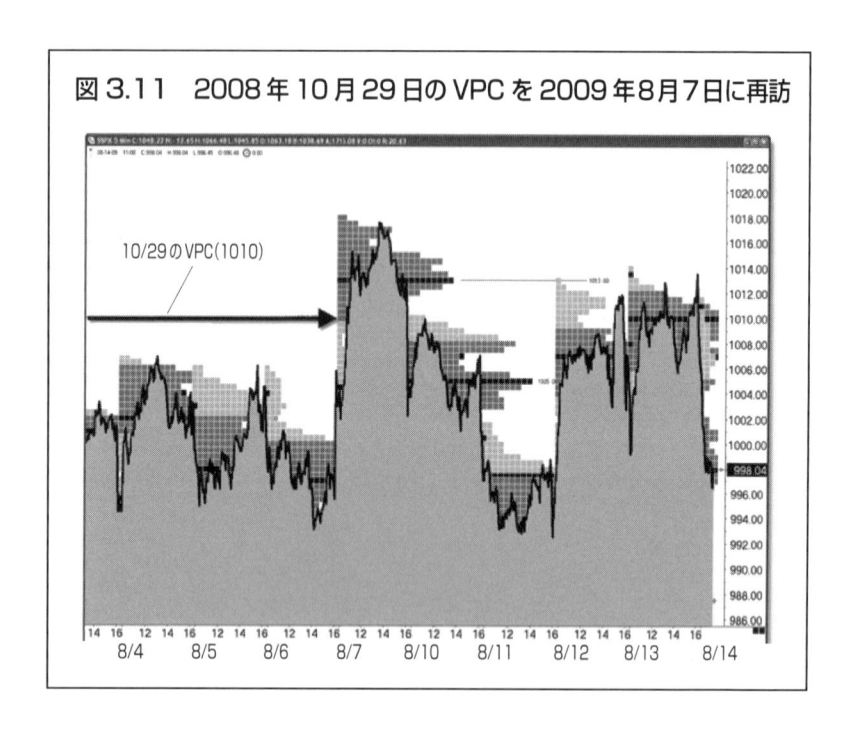

図3.11 2008年10月29日のVPCを2009年8月7日に再訪

としての明瞭性、客観性が新しいVPCよりも劣ることは確かである。

理解度確認テスト

1．POCとVPCの違いは？
    a．POCは相場に再訪されているが、VPCは再訪されていない
    b．VPCはこれから起きることを予測したもので、POCは実際に起きたことである
    c．POCはこれから起きることを予測したもので、VPCは実際に起きたことである
    d．VPCは出来高を測り、POCは価格を測る
    e．VPCだけが強い価格誘引点である

2．VPCとPOC、より強力なのは？　その理由は？
    a．POC。POCは値動きに基づいているから
    b．VPC。まだ価格がそこに行っていないから
    c．VPC。出来高に基づいているから
    d．両方とも同じ強さ

3．次の方法のなかで、最も成功する確率が高いものは？
    a．ストキャスティックスを移動平均で補完する
    b．日中の高値をマーケットプロファイルから得られるPOCで補完する
    c．マーケットプロファイルから得られるVPCをフィボナッチ水準で補完する
    d．日中の安値をVPCで補完する

4．次のペナント形状のうち、最も成功確率の高い売買機会をもたらすのは？
   a．ノーマル
   b．マルチペナント
   c．ダブルペナント
   d．フラット
   e．ブラント

☞　解答は201ページに

第4章　ジャーディンレンジ
The Jardine Range

図4.1と図4.2は、ある日の２つの可能性を示したものである。

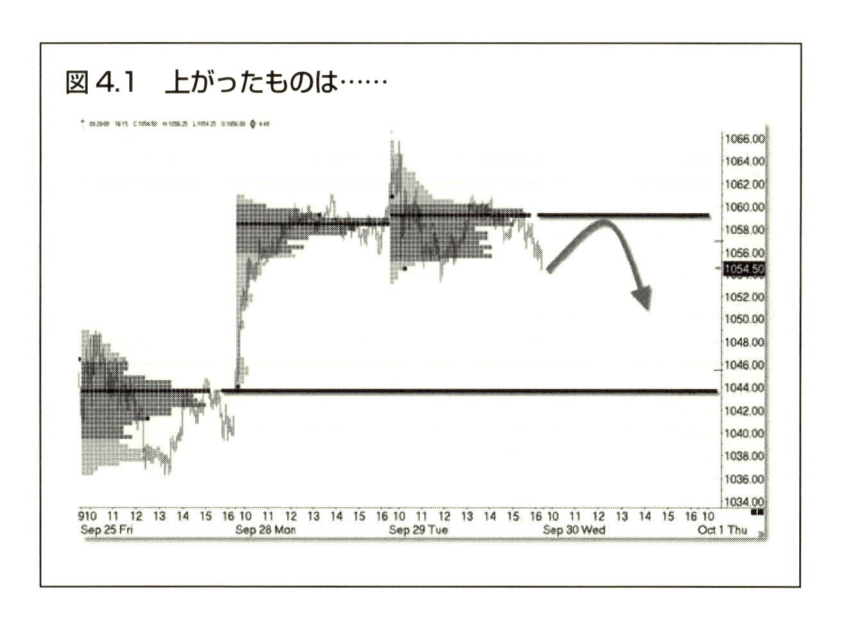

図4.1　上がったものは……

「上がったものは、必ず下がる」──アイザック・ニュートン卿

図4.2 下がったものは……

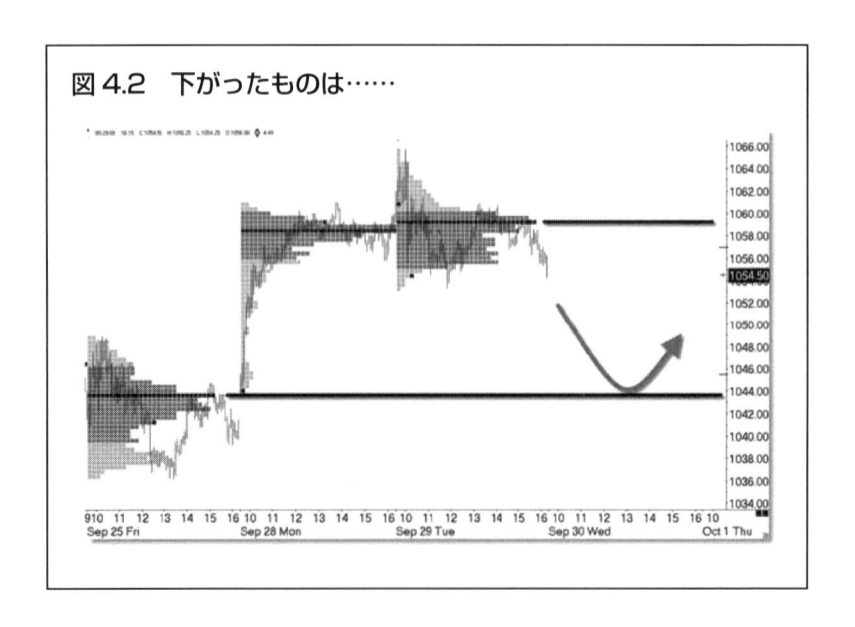

「下がったものは、必ず上がる」——ジャーディンレンジの原理

上がったものは……

　数年前、私にある考えが浮かんだ——「1日が始まったとき、そこに取引の目安となる自然なレンジが存在するのではないか？」。相場が上がるか下がるか誰にも分からないなかで、レンジという概念を導入するのは悪くない考えに思えた。

　通常、相場は上がりもするし、下がりもする。だが、ある特定の日に、上げて"終わる"のか、下げて"終わる"のか、誰にも分か

らない。仮にそういう情報を持っている人がいたら、男性だろうが女性だろうが大金持ちになれるだろうし、とても幸運な人だ。

自然かつ有望

だが、ある特定の日に、相場がこの範囲で動くだろうという自然なレンジを設定することはできる。価格が上昇してレンジの上限に達するだろうとか、下落して下限に達するだろうとかいうわけではない。可能性の観点から、相場はふつうこの範囲で動くだろうというレンジを決めるのだ。少なくともどちらかの端に価格が達し、反転するだろうというレンジを決めるのは、とても簡単なことだ。

そのレンジが意味するところは何だろうか。それは次の3つである。

①価格が上昇してレンジの上限に達したとすると、そこから反落する。図4.1はそれを示している。
②価格が下落してレンジの下限に達したとすると、そこで反転して上昇する。図4.2はその可能性を示している。
③価格がレンジの外に出たとすると、何か例外的なことが起きている。何かしらニュースがあったとか、利益予想の修正があったとか、あるいは、本流のトレンドがとても強いために、一時的にレンジの外に出てしまった可能性もある。

では、2009年9月30日にEミニS&P500先物市場で起きたことを

図4.3 ジャーディンレンジ

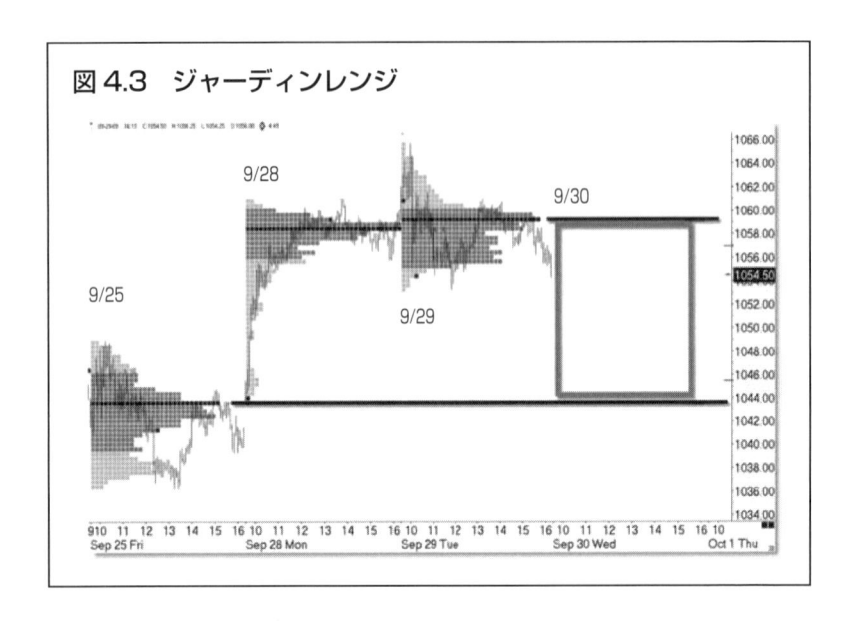

見てみよう（**図4.3**）。

　9月29日火曜日、市場は1054.50で引けた。翌日のトレードに備えてチャートを眺めると、終値の上1059.00のところにVPCがあることに気づいた。また、終値の下1044.00のところにもVPCがあった。翌日は、この2つのVPCの間で寄り付くはずだ。

　両者は自然なトレーディングレンジを作っており、これを私はジャーディンレンジと呼んでいる。ジャーディンレンジについては、知っておくべき重要な点がいくつかある。

●2つの反転ポイント――それがすべて

　最初にして自明なポイントは、始値のすぐ上のVPCとすぐ下の

VPCがジャーディンレンジを形成するということだ。私はレンジを四角の枠で囲んで目立つようにしている。

● **反応せよ、予測するな**

ジャーディンレンジは何か予測することを目的としていない。ジャーディンレンジの唯一の目的は、反応するための基準をもたらすことである。予測ではない。

意見や推測といった、もろもろの外的「ノイズ」は、売買判断からできるだけ排除することが重要だ。そういうノイズは、まさに判断を下そうというときに、車のヘッドライトに照らされた鹿のようにトレーダーの身をすくませてしまうからだ。風がピューピュー鳴ったり、何かの動物が吠えたりするたびに、衝動的に反応してしまう原因にもなる。それによって仕掛けが早過ぎたり遅すぎたりする。そして十中八九、トレード過多に陥るだろう。

ジャーディンレンジは、実際の値動きの幅がどれくらいになりそうかは教えてくれない。価格がレンジの上限に向けて上がるだろうとか、下限に向けて下げるだろうとかも教えてはくれない。

ニュートンの原点に戻れ

ジャーディンレンジは相場の自然な「引力の中心」を示すものだ。すなわち、価格がどちらかのVPCに近づけば近づくほど、より強くそこに引きつけられていく。星占いのような物言いになるのを避けるため、実際に宇宙空間に浮かぶ物体、あるいは地上の物体でも

いい、その物体に対する地球の重力を頭に浮かべてほしい。

　そこから考えをおし進めていくと、物体が重力によって引きつけられるように、あらゆる自然の事象がなんらかの力によって引きつけられることになる。バーに美しい女性が入ってきたとき、カウンターに座っている男性客の顔はどうなるだろうか。太陽が昇ると、花はどのように動くだろうか。

　ジャーディンレンジのどちらかの端に価格が近づいたとき、何が起こるかは容易に分かる。トレーダーがポジションを手仕舞いし、それによって売り手買い手の勢力関係に変化が生じ、相場は反発するか一服することになる。

　その変化の大きさは、その時点では重要ではない。そこで変化が生じるということだけを理解していればよい。その変化にどう対処すべきかについては、第2部で取り上げる。

客観性こそ友、主観は敵なり

　まずは、相場が引けたあとにチャートにジャーディンレンジを引くことから始めよう。そして、次の日の寄り付き前にチェックする。

　相場はそのレンジの範囲内で始まるだろうか。それとも窓をあけて始まるだろうか。窓をあけて上げたり下げたりしたときには、始値のすぐ上と下のVPCがそれぞれ1つずつだけ含まれるよう、レンジを引き直さなければならないかもしれない。

　価格がどちらかのVPCに近づいていったときに何が起こるかをよく観察する。そして、その観察結果をどのように活用できるか考

える。

　留意すべきは、その情報がすべて客観的なものであることだ。ジャーディンレンジのいずれかの端でおそらく何かが起きるはずだ。しかし、それはニュースとも、市場心理とも、経済評論家の発言とも関係ないし、ピボットポイントとかハーモニックサインとか支持・抵抗線とかのテクニカル指標がどうなっているかにも関係ない。

　当面、ジャーディンレンジがいかにパワフルなツールであるかを理解するにあたって、それ以外のことは忘れてしまったほうがいい。そうすることで、ジャーディンレンジをベースとする売買システムを作り上げることが可能になる。

　そのほかの支持・抵抗線は、少しずつシステムに組み込んでいけばよい。ただし、それらの支持・抵抗線は、ジャーディンレンジから得られる情報を補完するためだけに使ったほうがいいだろう。

　ここで、自分がこれまで使ってきたトレード方法に戻って、ジャーディンレンジとユニバーサルシステムがあなたのトレーダーとしての腕前をどれだけ上げてくれるか確認してみるのもいい。私の知り合いのトレーダーにはそうしている人が多い。

　あるいは私がしているとおりにしてもいい。そのほかのことは切り捨てて、ユニバーサルシステムだけでトレードするのだ。私はそうしている。

　そうすることで時間にゆとりができ、川の音に耳を傾けたり、晴れた気持ちのいい日にカヤックを携えて外に出かけたり、車に飛び乗って山に出かけ写真撮影を楽しんだりできる。なんといっても、それが人生の目的というものではないだろうか。

そして、もし天気が悪ければ、私は家にいて、LeftCoastLogic.comでiPhone用の「プロダクテインメント（Productainment）」アプリケーション（訳注　実用的でありながらゲームのように楽しめるiPhone用のアプリケーション）を作るだろう。

理解度確認テスト

1. ジャーディンレンジとは？
   a．移動平均で得られる、現在の価格を囲む高値・安値のバンド
   b．直近の最高値・最安値のうち、相場が以後、そこに達していないもの
   c．始値の上下にある最近のVPC
   d．マーケットプロファイルのPOCから得られるレンジで、現在の価格を囲む上下のバンドを形成する

2. ジャーディンレンジは予測指標か、もしくは反応指標か？
   a．予測指標。価格が始値から上げるか下げるかを予測するから
   b．反応指標。相場がどちらの方向に動くかについては関知しないから
   c．どちらでもない。値動きの予測もしないし、値動きへの反応もしないから
   d．両方。その日のどこかで価格がレンジの両端に達することを示唆しているから

☞ 解答は201ページに

第2部
ユニバーサルシステム

Universal System

判断を下すときがきたら、あとは買いまたは売りを実行するだけだ。価格が上昇してジャーディンレンジの上限に達したら、そこで売りを仕掛ければよい。逆に価格が下落してジャーディンレンジの下限に達したら、買いを仕掛ければよい。だが、そこでタイミングの判断を助ける何らかの指標があれば、売買が容易になるのではないだろうか？

　間違えてならないのは、指標は指標にすぎないということだ。どう見てもそれらは主観的なものだし、第１部で私がさんざんけなしたコンジェクチャーラインそのものだ。

　しかし、これらの指標を手ごろなアラームとして利用すれば、トレードするときに、間違ったことをしているのではないか、という不安を抱かずにすむ。なぜなら、チャートがそうせよといっていることをするだけだからだ。

　ただし、重要なことが１つある。それは、事前に勉強しなさいということだ。そうすれば、作り上げた売買システムに自信を持つことができる。もっとも、あなたはそんなことは先刻承知のはずだ。私は前著の知識をもとに売買システムを作ってみた。そのシステムを「ユニバーサルシステム」と呼ぶことにする。なぜなら、そのシステムはいかなるトレーディングツールとも相性がいいし、短期か長期かも問わないからだ。少なくとも、それがあるべき姿だ。

第5章　オシレーター系指標を使った仕掛け
Getting In: The Oscillator

あの曲がりくねった線

　相場は上下動（オシレート）をする。上昇相場でも（**図5.1**）、下降相場でも（**図5.2**）、揉み合い相場でも（**図5.3**）、一方向に進むことはない。

　オシレーター系の指標は、それまでに起きたことの移動平均に基

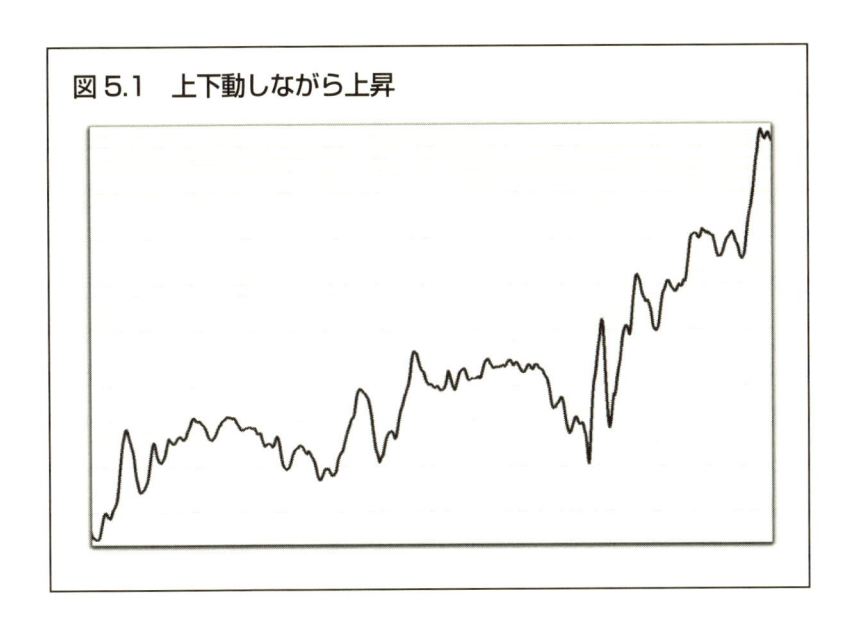

図5.1　上下動しながら上昇

図 5.2 上下動しながら下降

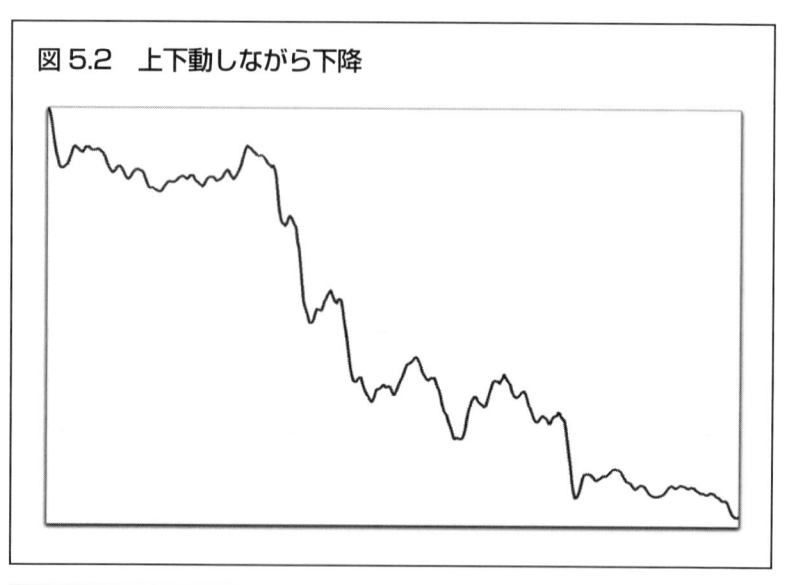

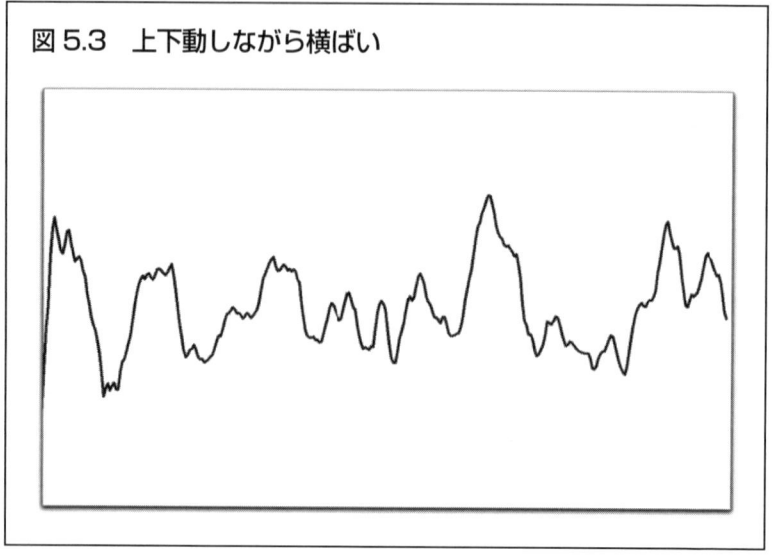

図 5.3 上下動しながら横ばい

第5章　オシレーター系指標を使った仕掛け

図5.4　オシレーター系指標による売りシグナル

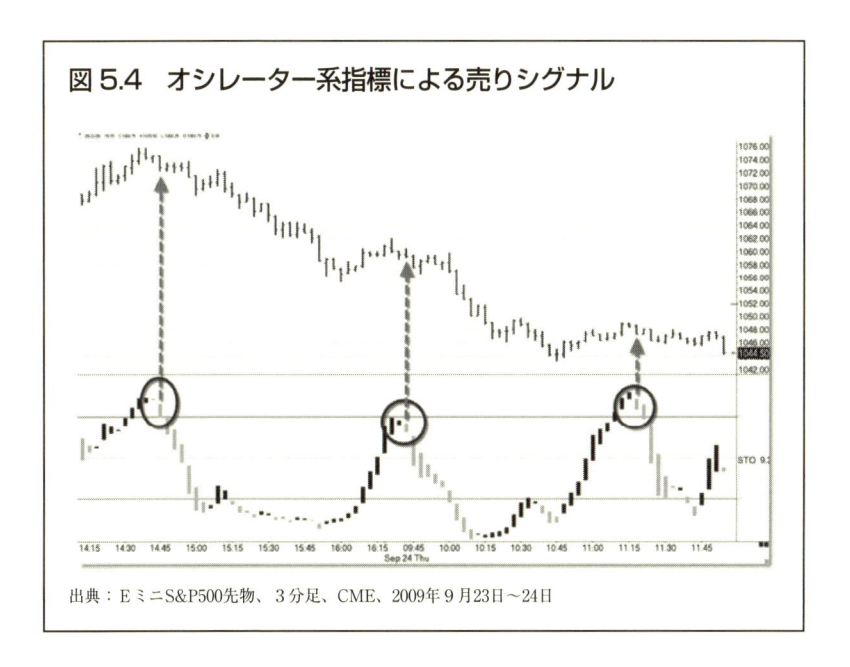

出典：Ｅミニ S&P500先物、3分足、CME、2009年9月23日～24日

づくもので、価格の上下動のリズムを見るのに向いている。一方、変動の規模や振幅を予測するのには向いていないし、変動の方向すら予測できない。

　しかし、それは問題ではない。そういうことのために、これらの指標を使うわけではないからだ。必要なのは、変動が起きそうなポイント、もっと具体的にいえば、変動がピークを迎えて方向転換しそうなポイントを教えてくれる指標である。そこがトレードを仕掛けたいポイントとなるのだ。

　図5.4は、あるオシレーター系の指標が出した3つの売りシグナルを示している。最初のシグナルは天井の反転ポイントにほぼ一致

75

している。2つ目のシグナルは第2波をとらえているが、若干タイミングが遅れている。3つ目のシグナルがとらえている変動は、小さすぎてトレードには向かない。

シグナルを出したときのオシレーター系指標の振幅は、3つともほとんど同じである。にもかかわらず、対応する価格変動の振幅は大小さまざまだ。この点に注目してほしい。このことは、オシレーター系指標がタイミングを計るツールとしては優れているが、その後何がどのくらいの大きさで起きるかを予測するツールとしては限界があることを物語っている。

どのオシレーター系指標を使えばいいか？

オシレーター系指標として人気なのが、ストキャスティックス、RSI（Relative Strength Index＝相対力指数）、CCI（Commodity Channel Index＝コモディティ・チャネル指数）、MACD（Moving Average Convergence-Divergence＝移動平均収束拡散法）である。私の知り合いのトレーダーには、どれか1つだけに忠誠を誓っている人が多い。

なかには、これらの指標の1つないしはいくつかを非常に高く評価し、それらの指標が万能薬にして聖杯であるかのように主張する人もいる。しかし、私はそうではないことを証明できるし、少なくとも大きな疑問を投げかけることができる。その材料が次のチャートだ。

図5.5は、4つのオシレーター系指標を並べている。どれも似た

図5.5　ストキャスティックス、RSI、CCI、MACD

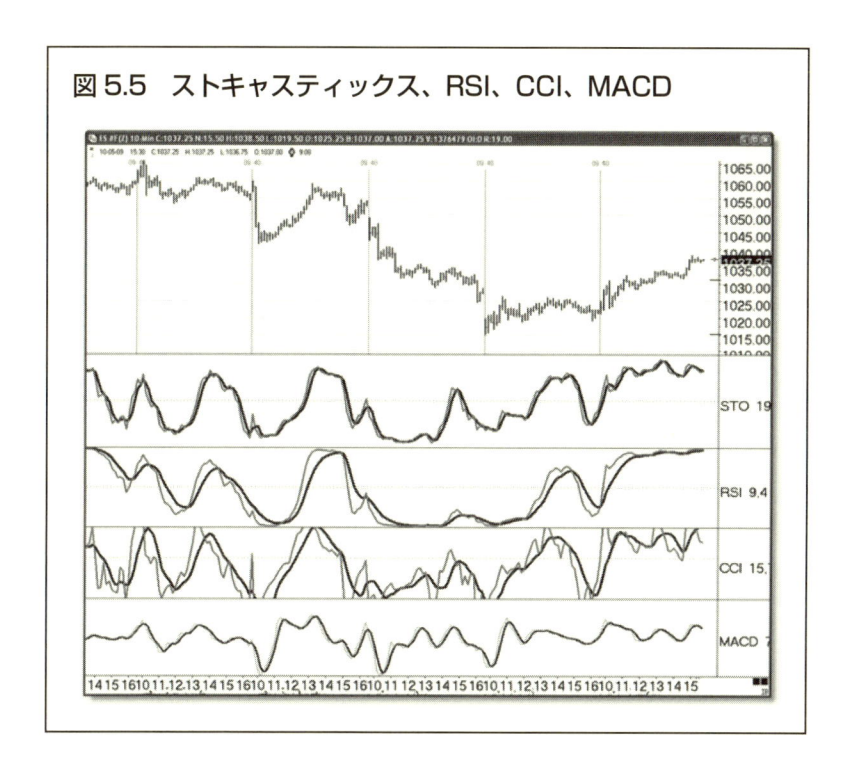

ような形だ。このなかの１つがほかのどれよりも明白に優れているといえるだろうか。私にはできない。単に指標の設定値を調整するだけで、どの指標も同じタイミングで、同じ程度の感度で動くようにできるのだ。

　この点を考慮したうえで、私はストキャスティックスを選んでいる。私が学んだ最初のオシレーター系指標だということ以外に特別な理由はない。それだけである。例えば、私は写真撮影にニコンのカメラを使っているが、それはキャノンやソニーのカメラよりも優

れているからという理由ではなく、私の手に"よくなじむ"からにすぎない。手に"なじめ"ばこそ、いい写真が撮れるというものだろう。オシレーター系指標を選ぶのも同じ理屈だ。

ストキャスティックス

ストキャスティックスはモメンタム指標のひとつで、過去のある期間での高値―安値の平均レンジに対する直近の終値の相対的位置を示す。

教科書的な使い方では、上方80パーセント前後および下方20パーセント前後に基準ラインがあり、ストキャスティックスが80パーセントの基準ラインを超えたら買われすぎのサインとなる。そしてストキャスティックスがこの80パーセント基準ラインを割ったとき、売りシグナルをもたらす。

設定はどうすればいいか？

ある１つの指標がほかの指標よりも優れていると思い込んでいるトレーダーは、自分の使っている設定についても、長年の経験と分析のうえに磨き上げられたものであり、どの市場や株式、指標、期間にも最適な設定だと主張する。

しかし私にいわせれば、この手の判断をするのに経験など必要ない。必要なのは、検証機能のあるチャートプログラムだけだ。それを使えば、たちどころに、一点の曇りもなく、過去10年間で最良の

オシレーター系指標はどれか、最良の設定は何か分かる。

　もっとも、これから実際に未来に向かってリアルタイムのトレードを始めようとするとき、過去10年間の結果は、ほとんど意味を持たない。

　そのことは実際にお気に入りのトレードソフトでお気に入りのオシレーター系指標を最適化してみれば明らかだ。過去10年間のデータで最適な設定値を探してみる。同じことを今度は過去５年間のデータで行い、次に過去１年間のデータで行う。これら３つの検証結果は、すべて異なるはずだ。

　では、これら３つの結果のうち、これから１年間のトレードで最も有用なのはどれだろうか。ヒントは「過去10年間」での最適設定値が過去１年間での最適設定値と比べて今後１年間でもうまくいく確率は、良くも悪くも同じくらいということだ。仮に過去10年間、過去５年間、過去１年間の最適設定値がどれも同じと仮定してみよう。そうだとしても、次の１年も同じように最適という保証はないし、それについて合理的な確信を持つこともできない。

ならば指標は何の役に立つのか？

　今の私の主張が正しいとすれば——信じるも信じないもあなたしだいだが——あなたはこう聞きたくなるだろう。「ならば、オシレーター系指標は何の役に立つのか？」。

　オシレーター系指標は精度の高いものではなく、どの指標を使うかは重要でないし、どの設定値を使うかも重要ではない（これには

根拠がある)。重要なのは、これらの指標は、すでに直感的に分かっていること——相場の変動がピークに達しており、トレンドの反転がありそうだ——を裏づけてくれるということだ。

　オシレーター系指標によるシグナルは、タイミングが早過ぎたり、ドンピシャだったり、遅過ぎたりする。「ファースト（敏速）」な設定をしたストキャスティックスを使うと、早く仕掛け過ぎてしまうこともある。だが、その次には最適なタイミングで仕掛けさせてくれるかもしれない。重要なのは、そのことを理解して上手に使うことだ。そして１つの指標、１つの設定値を貫く。それにより客観性が確保される。

　一方、お金をドブに捨てる最良の方法は、指標を次々と乗り換えたり、１つの指標や設定値がうまくいかなかったらすぐに切り換えたりすることである。

　繰り返し強調しておくが、武器を選び、設定し、首尾一貫してそれを使うことだ。

複数の時間枠を使う

　私はすべてのオシレーター系指標を基本的に同じと考えているし、設定を綿密に調整して独特の設定にしたとしても、長い期間で平均してみれば、どれも同じような結果に落ち着くと考えている。

　しかし、時間枠（タイムフレーム）についてはそう考えていない。実のところ、私は長期的な時間枠のトレンドやデータを使って、短期的な時間枠での判断の裏づけとするのを好む。実際、相場が長期

的に上昇基調のときに、売りを仕掛ける理由はないではないか（なお、これには１つ重要な例外がある。それがジャーディンレンジの大前提となるものだ。それを使えば、トレンドに反していたとしても、逆方向のトレードを行う機会を正確に特定してくれる。詳しくは第８章の「タイプ③２回目の逆トレード」を参照してほしい）。

　長期間にわたるトレンド——このケースでいえば、変動——を確認することは、短期間の変動を利用してトレードするのにも、とても役立つ。とはいっても、５分足と30分足といった異なる時間枠のチャートを見比べるのではなく、２種類のストキャスティクスを１つのチャートに重ねて見る方法を私は好む。単に、チャートソフトにストキャスティクス用のウィンドウを２つ作って、一方にスローストキャスティクスを、もう一方にファーストストキャスティクスを表示すればよい。

　同じチャートに異なる時間枠の指標を重ねるのは、大きなトレンド（長期の時間枠から得られるもの）をフィルターとして使う良い方法である。両者が同じシグナルを出していることを確認したうえで、短期時間枠の指標に基づいてトレードをすればよい。ファーストストキャスティクスが短期の、スローストキャスティクスが長期のトレンドを示す。

私の設定値——聖杯（ではない）

　私はファーストストキャスティクスの設定値として９、３、３を、スローストキャスティクスの設定値としては81、27、27を使っ

図 5.6　時間枠の異なる２つのストキャスティックス

ている。

　スローストキャスティックスの設定値は、ファーストストキャスティックスの設定値同士を単にかけ合わせたものだ。こうしておけば、ファーストストキャスティックスの設定値が恣意的であるとしても、スローストキャスティックスの設定値はファーストストキャスティックスの設定値と完全に整合したものになる。異なる設定値を組み合せて使うのは、脳みそのないかかしに勇気を与え、臆病な

ライオンに脳みそを与えるのに似ている。

図5.6は、私が2つのストキャスティックスをチャートに取り込んで、分かりやすくて、すぐに使える客観的な情報として使っている様子を示したものである。

線で示されている（a）がスローストキャスティックスだ（設定値は81、27）。そして棒状のものが並んでいる（b）がファーストストキャスティックス（設定値は9、3）である。

ストキャスティックスには、キーとなる要素がいくつかある。

●**ファーストストキャスティックス**

通常、ストキャスティックスは2つのラインで構成される。先行する%Kラインと遅行する%Dラインだ。%Kと%Dについて詳しく説明することはしないが、要は一方のラインが他方のラインとクロス（交差）すると、それが価格反転のシグナルとなる。

両者の関係についてより多くの情報を得るには、両者の相対的位置だけでなく、スプレッド（間隔）も表示してみるとよい。それが**図5.6**の太い縦長のバー（b）だ。

明るいグレーのバーは、%Kラインが%Dラインよりも下にあることを示す。このバーが長くなればなるほど、2つのラインが離れており、クロスの状態からは遠いことになる。

バーが短くなってきたら、クロスに備えろというサインだ。

黒のバーに変われば、%Kラインが%Dラインとクロスしてその上に出たことを示す。

したがって、私が特に知りたいのは、バーの色が明るいグレーか

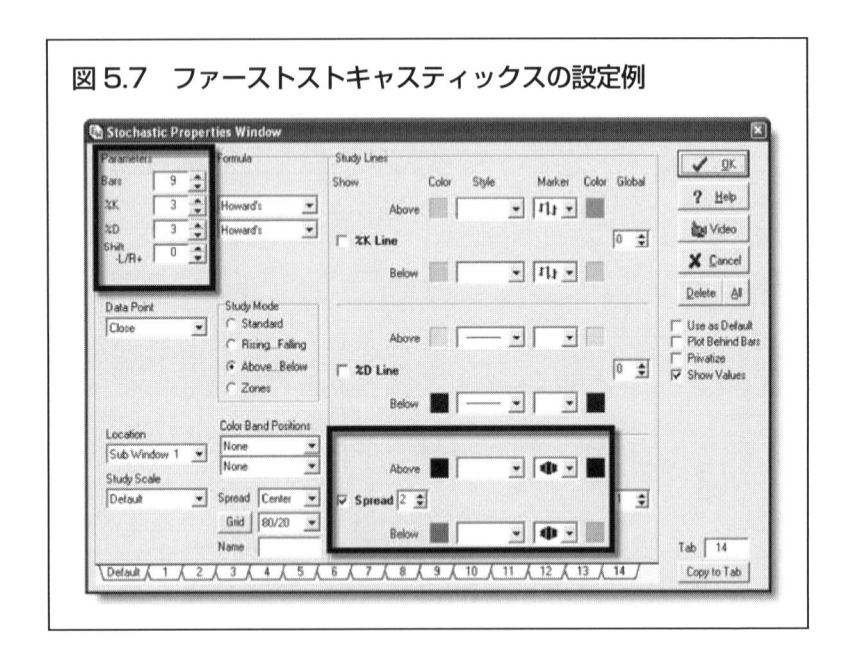

図 5.7　ファーストストキャスティックスの設定例

ら黒に変わるときだ。ただし、それが20パーセントの基準ラインよりも下で起きたときだけである。**図5.6**でも何回か発生している。また、80パーセントの基準ラインよりも上で、バーの色が黒から明るいグレーに変わるときも同様に注目する必要がある。

　では、どのポイントでトレードを仕掛ければよいだろうか。そのためのガイド、というかフィルターとして、スローストキャスティックスを利用する。

　なお、私の設定でもう1つ有用だと思うのは、メインウィンドウの罫線の色もファーストストキャスティックスのスプレッドの色と同じにしてあることだ。こうしておけば、メインチャートを見てい

るだけでトレンドの反転に備えなければならないときが分かる。

　また、リアルタイムな機能として、罫線の色が変わろうとするときは、罫線の色がチカチカと点滅するようになっている。これも視覚的な合図として役に立つし、目の刺激にもなっておもしろい（なお、本書は白黒なので明るいグレーと黒で表示されているが、実際の私のチャートは、ピンクとグリーンで表示されている）。

　図5.7に、私がチャートプログラムにファーストストキャスティックスをどう設定しているか例示した。ほかのチャートプログラムでも設定項目は似たようなものだろう。

●スローストキャスティックス

　図5.6のライン（a）がスローストキャスティックスである。スローストキャスティックスの場合、%Kが%Dをクロスするタイミングは仕掛けのシグナルにならないので見る必要がない。スローストキャスティックスは、ファーストストキャスティックスが出す仕掛けのシグナルを採用するかどうかのフィルターとして使う。したがって、必要なのは1つのラインだけだ。%Kと%Dのどちらでもいいが、私は%Kを使っている。

　このラインが20パーセント基準ラインを下回っていると、買い仕掛けの機会である。そして仕掛けの引き金として、ファーストストキャスティックスを使う。

　逆にラインが80パーセント基準ラインを上回っていると、売り仕掛けの機会である。ここでもファーストストキャスティックスを仕掛けのための引き金として使う。

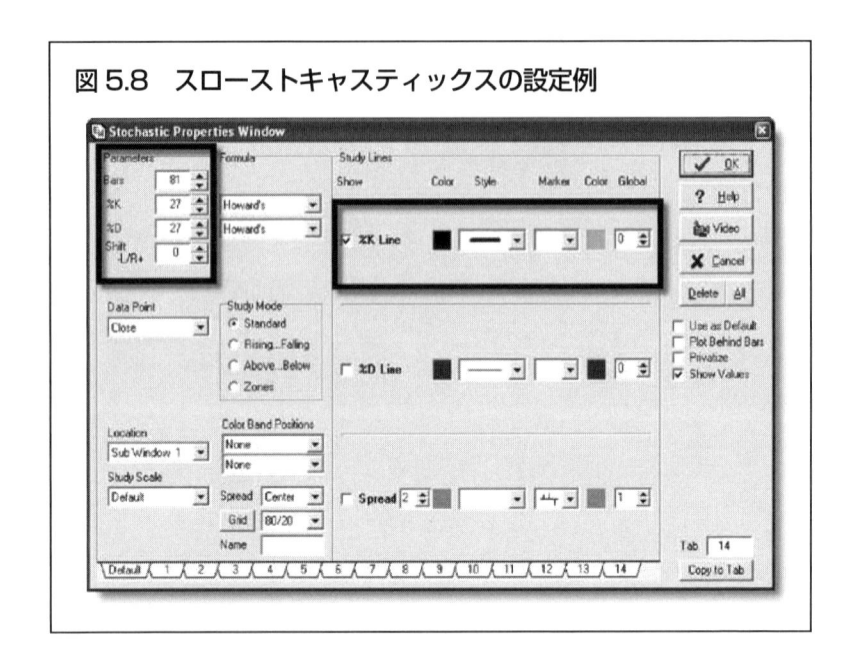

図5.8　スローストキャスティックスの設定例

　この２つの状況をとらえやすくするために、私はスローストキャスティックスが20パーセントないしは80パーセントの基準ラインを超えたら、その部分が帯状に色づけされるように設定している。**図5.6**では、異なる時間枠を使ったストキャスティックスによる買い仕掛けの機会が見られる（図の中央）。同様にして図の右端を見ると、売り仕掛けの絶好の機会が見られる。

　図5.8に、私がチャートプログラムにスローストキャスティックスをどう設定しているか例示した。

「売買」シグナルの客観的必要条件

客観的な売買システムを作るには、次の2つが必要だ。

①仕掛けるための客観的な条件のリスト
②各条件の背後にあるロジックないしは根拠

この2つを揃えることで客観的なシステムが得られ、それが継続的な利益をもたらしてくれる。**表5.1**に、ユニバーサルチャートで複数のシグナルを次々に積み重ねていくことで「売り」仕掛けを決

表5.1 売り仕掛けのシグナル

指標	指標の意味
VPC（バージンPOC）	価格が上昇し以前居心地のよかったエリアに近づいた。トレーダーたちがここで利食いをするため、押し目が発生する。それがトレンド反転のシード波となる可能性もある。
スローストキャスティックス＞80％	長期的に買われ過ぎており、トレンド反転が起きる可能性あり。
ファーストストキャスティックス＞80％	短期的に買われ過ぎており、トレンド反転が起きる可能性あり。
ファーストストキャスティックスの％Kが％Dを下抜く	小さな雪の玉が坂を転げ落ちてきた。重要なことだろうか？ それ自体はたいしたことはない。しかし、上述の3つのシグナルが出ているときは、この小さな雪玉が雪崩を起こす可能性が大いにある。ひょっとしたら大雪崩になるかもしれない。雪崩ビーコンのスイッチを入れて出動！

定するプロセスをまとめてみた。

　ユニバーサルチャートで「買い」シグナルの引き金が引かれるのは、価格がジャーディンレンジの下限に達し、"加えて"次の3つの条件が同時に整った場合である。

①スローストキャスティックスが20パーセント基準ラインを下回っている。
②ファーストストキャスティックスも20パーセント基準ラインを下回っている。
③ファーストストキャスティックスの%Kが%Dを上抜く。

　一方、ユニバーサルチャートで「売り」シグナルの引き金が引かれるのは、価格がジャーディンレンジの上限に達し、"加えて"次の3つの条件が同時に整った場合である。

　なお、ここでの「売り」シグナルとは、売り仕掛けのシグナルだ。買いポジションを手仕舞えというシグナルではないので混同しないでほしい。

①スローストキャスティックスが80パーセント基準ラインを上回っている。
②ファーストストキャスティックスも80パーセント基準ラインを上回っている。
③ファーストストキャスティックスの%Kが%Dを下抜く。

売買シグナルを実行する

　売買シグナルが出てから実際に売買を仕掛けるには、いろいろなやり方がある。買いシグナルが出たら、何も考えずに売買ソフトの「買い注文」ボタンをクリックするというトレーダーもいれば、何らかの手段でシグナルが正しいという確証を得るまで待つトレーダーもいる。

　買いシグナルが出たとたんに買い注文を出す人は、仕掛けが早過ぎることが多い。ということは、少し待ったときよりも高い価格で買ってしまっていることになる。

　選択肢の1つとして、仕掛けるときにトレーリングストップを使う方法がある。

　買い仕掛けで説明しよう。まず、シグナルが出たときの罫線の上限（高値）を価格が超えたときに仕掛けられるようにしておく。つまり、シグナルが出たときの罫線の高値から1ティック上に買いのストップ注文（逆指値注文）を置いておくのだ。

　そしてもし価格が上昇せず、下げ続けたら、ストップ注文を直近の罫線の高値から1ティック上のところに次々とずらしていく。そして、最終的に価格が反転して高値がブレイクされたら買い注文が執行されるというわけだ。

　例を示そう。図5.9を見てほしい。図の下部、ストキャスティクス画面の◯で囲んだ部分で最初の「買い」シグナルが出ている。スローストキャスティクスが20パーセント基準ラインを割り、ファーストストキャスティクスも20パーセント基準ラインを下回

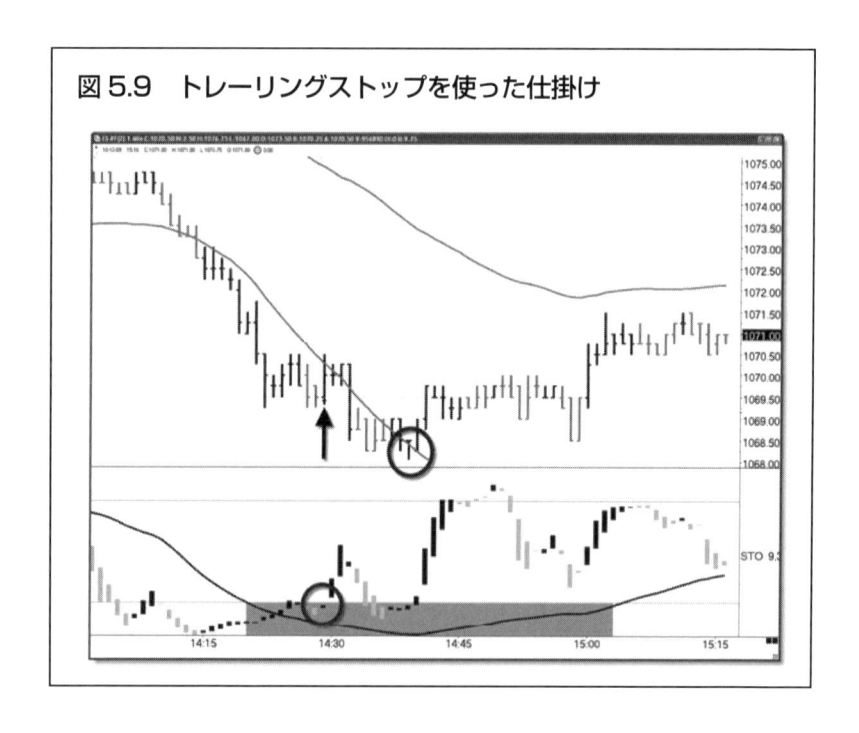

図5.9　トレーリングストップを使った仕掛け

るとともに、%Kが%Dを上抜けている。

これは、ファーストストキャスティックスのバーの色とメインウィンドウの罫線の色が、ともに明るいグレーから黒に変化していることから分かる（私のソフトではさらに矢印が表示され、アラーム音も鳴るようになっている）。

そのときの罫線（矢印のところ）の高値は1070.50である。私は１ティック上の1070.75で買いのストップ注文を出した（訳注　Eミニ S&P 先物は0.25刻み）。こうしておけば、買い値が1070.50を上回ったら証券会社のソフトウェアが買い注文を出し、ほぼ間違いな

く1070.75で約定することになる。

　しかし、このとき価格は1070.50から上げなかった。次に形成された罫線の高値は1070.25となったので、私は買いのストップ注文を1070.50に下げた。続く3分間（罫線3本分）は1070.25の高値を保ち、その後また下げた。

　このときの罫線の高値は1069.25であり、私は買いのストップ注文を1069.50に移した。それもブレイクされず、次の高値は1069.00となった。その高値はしばらく保たれたが、最初のシグナルが出てから10分後には、私のストップ注文の逆指値は1068.75になった。そしてそこでようやく買い注文が執行された（価格チャートの○で囲んだ部分）。

　この事例では、トレーリングストップを仕掛けに使うことで、仕掛けの時点で2ポイント得したことになる。EミニS&P500先物取引の平均的利益が3ポイントであることを考えると、これだけでその66パーセント分を得たことになる。

　もちろん、いつもこううまくいくとは限らない。だが、この事例は私が仕掛けをするときにトレーリングストップを好んで使う理由を説明してくれる。一方、手仕舞いのときは、単純な指値注文を使うのが好きだ。これについては、次章で具体的に紹介しよう。

理解度確認テスト

1. オシレーター系指標が得意とするのは？
   a．価格変動の大きさを予測すること
   b．価格変動の振幅を予測すること
   c．価格変動のリズムを予測すること
   d．価格変動の方向を予測すること
   e．どれでもない
   f．aとc

2. トレンドの変化を予測するのに最適なオシレーター系指標は？
   a．ストキャスティックス
   b．RSI
   c．MACD
   d．CCI
   e．どれも同じ

3. オシレーター系指標のシグナルの確認方法として適しているのは？
   a．線形回帰分析チャネルで変動のトレンドを見る
   b．より長期の時間枠で同じシグナルが出ていないかを見る
   c．移動平均を使って方向性を確認する
   d．エリオット波の数を数える

☞ 解答は201ページに

第6章　アベレージレンジを使った手仕舞い
Getting Out: Average Range

到達目標の再確認

　「黄金比」の1.618とその第1次派生値の1.382を使えば、最も効果的な手仕舞いの目標を定めることができる。ただし、そのためには高さを測れる先行波の存在が前提となる。できれば、その先行波は、反転トレンドの第1波、つまり私が呼ぶところのシード波であることが望ましい。

　方法を手短にいうと、一連の波の第1波となる波の高さに黄金比をかけて、同じ方向に向かう次の波の勢いが弱まりそうなポイントを予測する。例えば、最初の波（シード波）の安値が100、高値が110とすれば、シード波の高さは10であり、**10×1.618＝16**となることから、116（＝100＋16）が次の波の到達目標となる。

　ジャーディンレンジにフィボナッチ数を組み合せた売買システムを図6.1と図6.2に示した。

　図6.1を見ると、2009年9月30日のVPCが反転ポイントの有力候補であることが分かる。

　図6.2は、2009年10月6日の部分を拡大したものだ。

　9月30日からのVPC（図6.1の横向きの矢印が指す1056.00のところ）を始点に、シード波の形成が期待された。そして図6.2の四

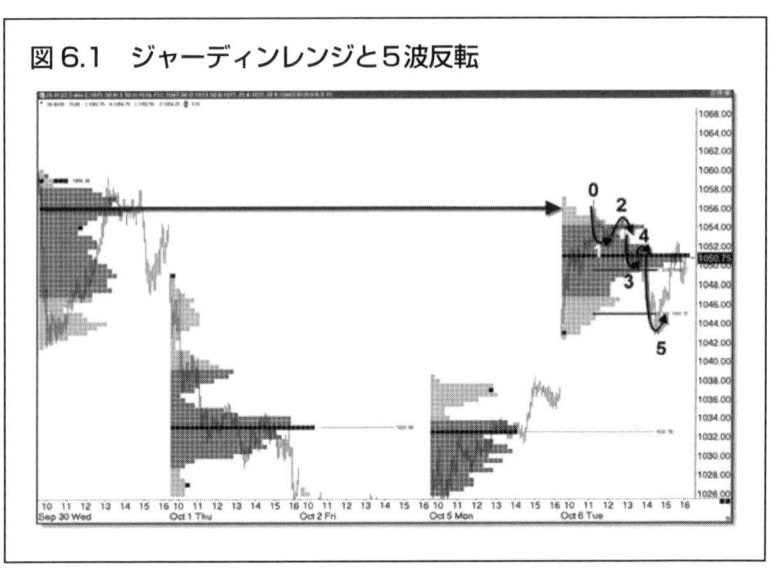

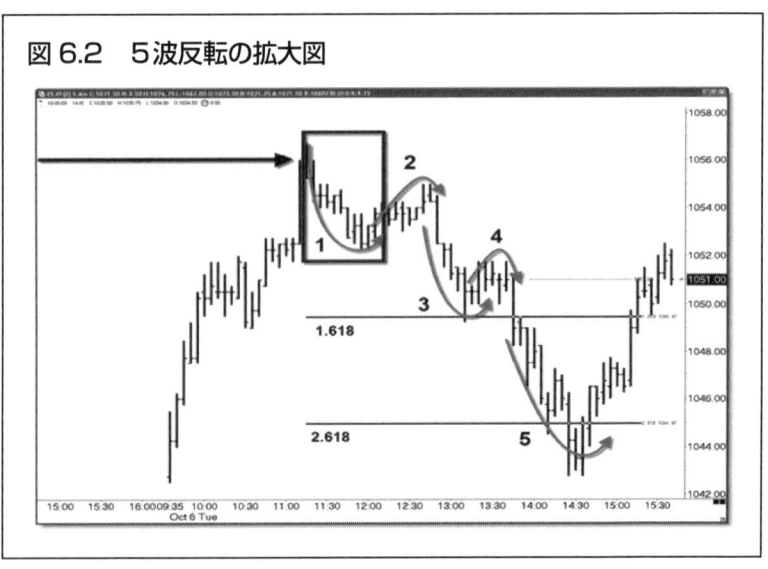

図 6.1　ジャーディンレンジと５波反転

図 6.2　５波反転の拡大図

角の枠が、実際に発生したシード波である。

　これがシード波であることは、戻りとなる第2波が第1波（シード波）の高値に届かずに反転し、続く第3波が第1波の安値をさらに割ったことで確認できた。

　シード波が確認できた時点で第1波の高さにフィボナッチの黄金比をかけて、次の波、つまり第3波の到達目標を予測する。それが1.618と書かれたラインである。悪くない見積もりだ。

　けっして必ずではないが、その後、もう1つさらに大きな波（第5波）が発生することもある。その場合、第5波の目標値はシード波の高さに2.618をかけて得る。**図6.2**の2.618のラインがそうだ。

最初の波をとらえる

　では、シード波がなかったらどうするか。繰り返し強調するが、ジャーディンレンジは「トレード以前の日に形成されたマーケットプロファイルから得られるVPCで相場が反転するか、少なくともしばらく留まる」ことを前提にしている。したがって、この場合、理屈でいえば、シード波が始まるのを待つことになる。

　一方、ジャーディンレンジを使ってトレードを仕掛ける場合は、シード波が始まったばかりの時点であり、その波が実際にシード波なのか分かるのは、それからかなりあとのことだ。したがって、トレードに入る時点では、黄金比は役に立たない。しかし、期待どおりに事が運べば、あとで役に立つはずである。

　そうなると、手仕舞いポイントを決める最も単純な方法は、どこ

からか適当に数字を持ってくるか、あるいはシステム検証で得られる数字を使うことだ。例えば、第5章の最後で記したように、EミニS&P500先物トレードの過去データを分析してみると、ユニバーサルトレードでの平均利益は3ポイントである。ただし、その値は大きくばらついている。

そのような数字を使うよりも、ごく最近のトレードでの平均的なレンジ、できれば当日の値動きだけを反映した客観的な指標を私は使いたい。それを測る最上の方法が私の場合、**ケルトナーチャネル**を使うことである。

ケルトナーチャネルは移動平均から形成されるバンドだ。上下を流れるバンドは、アベレージ・トゥルー・レンジ（ATR）を使っており、ボラティリティの変化を表現している。

図6.3は、相場反転時のトレードでケルトナーチャネルを利用して平均価格やボラティリティに基づいて手仕舞いのポイントを決める方法を図示したものである。このチャートは、トレーリングストップによる仕掛けの事例として使った**図5.9**と同じものだ。

ストキャスティックスは1070.50で買いシグナルを出したが、トレーリングストップを使うことで実際の買い仕掛けは、価格が1068.50を上抜いたところ（a）で行われた。そこでトレンドが反転上昇し、（b）と（c）で価格はケルトナーチャネルの上限に触れそうになった。どちらも手仕舞いに理想的なポイントである。

一般的には、ケルトナーチャネル上のポイントに端数を切り捨てた形で売り指値注文を置くのが比較的無難な方法だろう。この例では（b）（c）のいずれも売りの指値注文が執行されてもおかしく

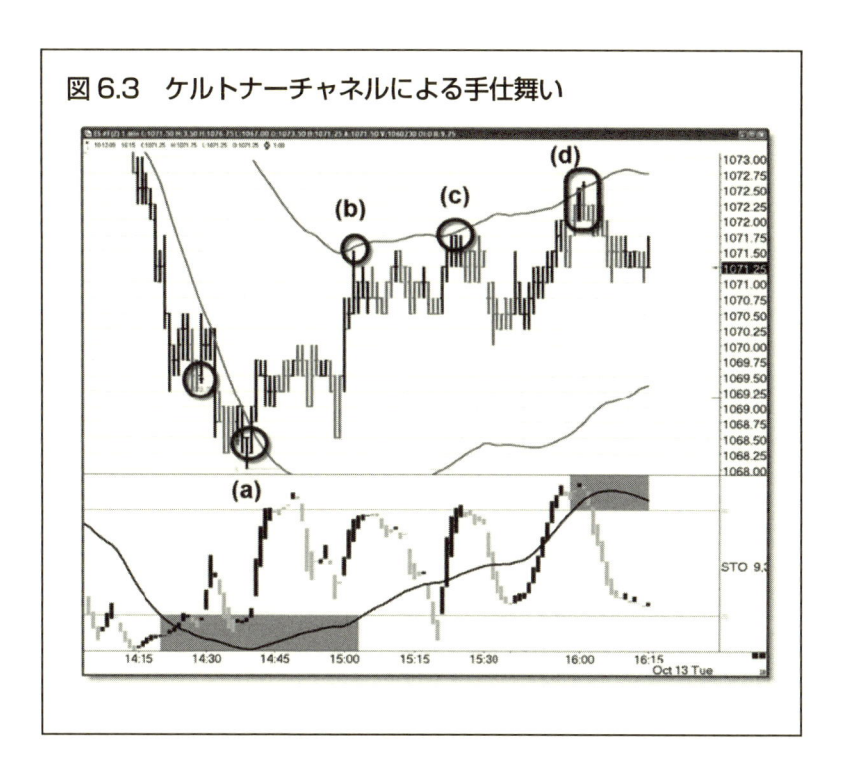

図6.3 ケルトナーチャネルによる手仕舞い

はなかった。しかし実際は、価格がケルトナーチャネルを上抜けた（ｄ）で注文が執行された。

次に行うべきこと

　ケルトナーチャネルは、買い（売り）圧力が弱まってトレンドが反転するか、横に動いて揉み合いあるいは「保ち合い状態」になったとき、床に落ちているお金を拾うような比較的安全な方法である。

では、もし反転トレンドが力強く続いてしまったらどうか。反対方向へと向かう最初の戻しが実はシード波であって、1-2-3反転(付録A参照)を形成してしまったらどうだろうか。

 もしそうなったら、非常に幸運だ。トレンドのそもそもの始まりからトレードを仕掛けられる。このとき、ケルトナーチャネルの反対側で、そこそこの利益を手に手仕舞いすることもできる。

 だが、この場合、少し工夫すれば、トレードをもっと長く続けることができる。株式や先物のポジションをすべて売却(あるいは買い戻して)しまうのではなく、一部(例えば半分)だけを手仕舞い、残りのポジションは持っておいて、反転トレンドが続くか様子見するのだ。これを実践するには、次の3つが必要となる。

①利益を守る戦略
②研究
③手仕舞い目標の最適化

利益を守る戦略

 それなりの利益を手にしたときに、続けて相場が上昇する可能性があると思ったら、その可能性に備えて手持ちのポジションの一部をとっておきたいはずだ。しかし、価格の上昇が続かないこともよくあるし、続くにしてもひと波乱あることが多い。

 利益を守る最善の方法はブレークイーブンストップを使うことだ。

第6章　アベレージレンジを使った手仕舞い

トレーリングストップのようにストップを動かす方法もできないことはない。だが、それは希望的観測に過ぎると私は思う。このとき相場は非常に神経質な展開になっており、ほとんどランダムな動きをする。そのため、トレーリングストップを使うと、結果的にシード波を見逃す可能性が高いのだ。

　ここは単純に仕掛けたときの価格を逆指値にして売り注文を入れ、あとは肩の力を抜いて待っているのがよい。

　図6.4を見てほしい。

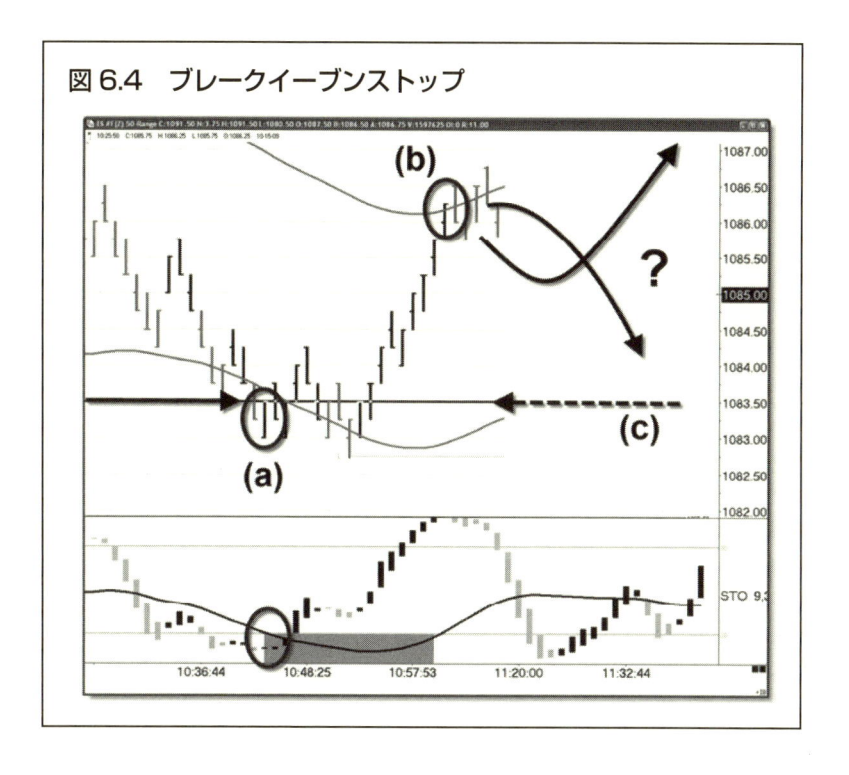

図6.4　ブレークイーブンストップ

(a) は仕掛けポイントである。価格がジャーディンレンジの下限のVPCまで下げると"ともに"、スローとファーストの"両方の"ストキャスティックスが20パーセント基準ラインを割り込み、"しかも"ファーストストキャスティックスの%Kが%Dを上抜いている。
　(b) で価格がケルトナーチャネルの上限に達し、この戻りがアベレージ・トゥルー・レンジ（ATR）の値に達した可能性が高いことを示す。ポジションの半分を手仕舞う格好のポイントだ。
　ここで (a) から (b) の動きに対して押し目を入れた形になっ

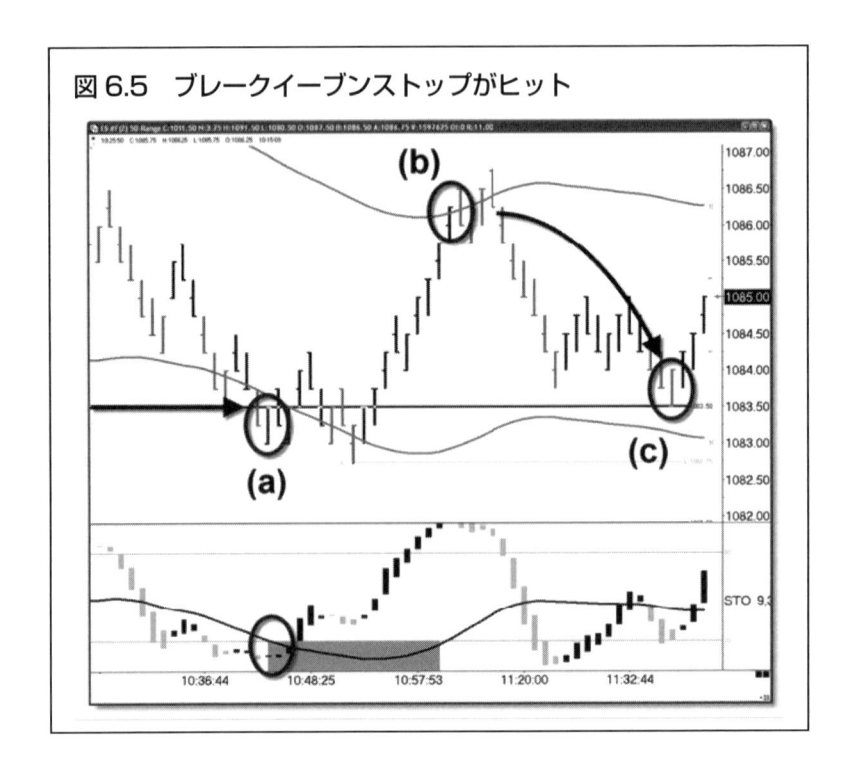

図6.5　ブレークイーブンストップがヒット

たら、この（a）（b）がシード波にならないだろうか。ちょっとだけ押したあとで再び上昇を開始しないだろうか。

そこで、売りの逆指値注文を、仕掛けたときの価格（c）に置く。そうすれば、もし価格が下落してしまったとしても、少なくとも損を出すことだけは避けられる。

図6.5は、こうなるかもしれないという事例だ。ブレークイーブンストップを置くのがなぜいいか分かると思う。価格は急上昇後、（b）で反落して、ケルトナーチャネルの上から下へと向かったあと、（c）で逆指値にヒットしてしまった。やはり危険を冒さなければ何も得られないということなのだろうか……。

●**ダブルボトム**

そうではないかもしれない。この事例の場合、仕掛けのきっかけとなった罫線のちょうど高値（1083.50）まで価格が下落したあと、**図6.6**に示すように反転したのである。これは偶然の一致だろうか。私の経験が告げるところでは、そうではない。

これは典型的な「タッチアンドゴー」のパターンである。「ダブルボトム」と呼ぶ人もいる。市場が底を探るなかで、ある特定のポイント（この特定のポイントとはVPCであることが多い！）で反発して上昇したものの、また考え直して下落し始め、再び底にぶつかって「オッケー、この床は頑丈だ。元に戻ろう」というものだ。

もちろん、相場自身がそのように考えるわけではない。このパターンの背後にある市場心理――何千何万ものトレーダーが同じタイミングで同じチャートを眺めている状況で発生する集団心理を順

図6.6　ダブルボトム

を追って反映したもの――を分かりやすく説明したまでだ。

　したがって、このパターンが繰り返し発生するのは偶然ではない。きれいなダブルボトムが、ほかのどの支持・抵抗線よりもVPCでできることが多いのも偶然ではない。

　ただ、このパターンは、客観的な売買システムに組み入れることができるほど、よく起きるものだろうか。ダブルボトムの2番目のボトムは、さらなる未知の反発に乗れるよう、ブレークイーブンストップの位置を多少調整すべきほど正確だろうか。それとも、単純

にケルトナーチャネルの上限ですべて手仕舞いし、ダブルボトムのところで再び仕掛けるほうが利口だろうか。

研究

こうした疑問が出てくるのであれば、客観的な売買システムの設計者と同じように考えていることになる。それはぜひ続けてほしい。そして、研究、研究、研究あるのみだ。あるパターンを発見するたび、次の４つの疑問を自分に投げかけてほしい。

①このパターンは現実にどれくらいの頻度で発生するのか？
②このパターンをどのようにトレードに利用できるだろうか？
③もしこのパターンをうまく使えれば、自分の方法のほかの部分にどのような影響があるだろうか？　それらが損なわれたりしないだろうか？「あちらを立てればこちらが立たず」のようなことにならないだろうか？
④もしこのパターンをうまく使えなければ、自分の方法のほかの部分にどのような影響があるだろうか？

手仕舞い目標の最適化

先ほどのトレードで、ブレークイーブンストップで手仕舞いをせず、そのままトレードを維持したとしよう。

価格が明確な波を描いて上昇を続けたとすると、すべきことは明らかだ。フィボナッチ数についての知識の出番である（付録B参照）。
　最初の波の高さを測って次の波の高さを計算するのが基本中の基本だ。このシンプルな数列をイタリアの修道僧が考えついたのは、何も相場のためではない。フィボナッチ数列は500年もの間、ウサギの繁殖のパターンから、オオバナノコギリソウの枝の生え方、木の年輪の間隔、太陽系の惑星配置にいたるまで、あらゆることを数学的エレガンスをもって説明するために使われてきた。
　ほかの指標でもそうであったように、フィボナッチ数による目標設定と異種の指標を組み合せて、一種のバックアップないしは裏づけとして使うのは良い方法だ。そのための優れた指標はすでに手にしている。最初に仕掛けるときに使った指標、2つのストキャスティックス（ダブルストキャスティックス）だ。
　図6.7は、後半のトレードの手仕舞いのシグナルとしてダブルストキャスティックスを使う方法を示している。シード波の高さとフィボナッチ数を使って求めた目標値を裏づけるため、ダブルストキャスティックスが使えることが分かる。
　四角の枠で囲んだ部分がシード波だ。下降から上昇へとトレンドが転換する第1波となる（可能性がある）。その後、実際にそうであったことが1-2-3反転パターンによって確認されたので、シード波の高さにフィボナッチ数をかけて、黄金比1.618と第1次派生値1.382とで囲まれた手仕舞いの目標圏が得られた。
　では、ダブルストキャスティックスはどう使うか。スローとファーストのストキャスティックスがともに20パーセント基準ラインを下

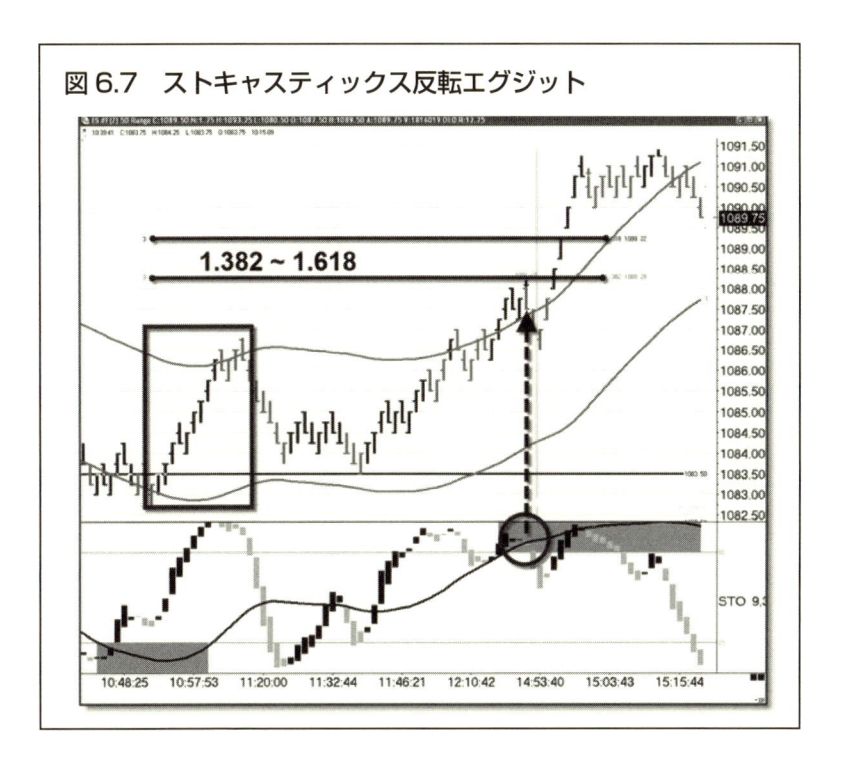

図6.7 ストキャスティックス反転エグジット

回ったときが買いを仕掛けるのに安全な場所だったように、ストキャスティックスが反対側の限界まで振れたとき、売り手仕舞うのが理に適っている。つまり、スローストキャスティックスが80パーセント基準ラインよりも上にあって、"さらに"ファーストストキャスティックスも80パーセント基準ラインよりも上にあり、"加えて"ファーストストキャスティックスの%Kが%Dを下抜けたときだ。

図6.7の○で囲んだ部分がそのポイントである。そこから出ている破線の矢印の先がその時点での罫線だ。

この「ストキャスティックス反転エグジット」が出すシグナルによってフィボナッチ水準による見積もりが裏づけられることがよくある。最初のシード波が明瞭でしっかりしているときは、特にそうだ。当然である。波が強ければ強いほど、サーフィンに向いているではないか。

理解度確認テスト

1. シード波とは？
    a．波のできかけ
    b．反転トレンドの最初の波
    c．一連のさざ波
    d．エリオット5波動シーケンスの最後の波

2. 黄金比とその第1次派生値は？
    a．1.618と1.382
    b．1.0と0.1
    c．1.5と1.782
    d．1.618と1.782

3. ケルトナーチャネルは何を示すか？
    a．ある平均的な時間枠での値動きの方向
    b．ある特定の時間枠での価格の平均ボラティリティ
    c．価格を平均することで得られる平均的な価格レンジ
    d．ある特定の時間枠での値動きの方向の変化

4. トレードを手仕舞うポイントを決めるのにケルトナーチャネルが役立つ理由は？
    a．価格の平均レンジ（変動範囲）をほかのオシレーター系指標より正確に示してくれるから

b．トレンドの反転を予測してくれるから
c．気の小さなトレーダーのための目に見える精神安定剤にすぎない
d．利益を得て手仕舞うことよりもストップ管理に適している

5．次のうち利益を守るのに向かない手法はどれか？
a．トレーリングストップ
b．ブレークイーブンストップ
c．ダブルダウン（倍賭け）
d．安全確実なターゲットで利食いし、それから価格の上昇に合わせてストップ注文を置く

☞ 解答は201ページに

第7章　ジャーディンレンジとユニバーサルチャート
Jardine Range and the Universal Chart

　ユニバーサルシステムでのトレードには２つのチャートが必要だ。１つはジャーディンレンジで、もう１つがユニバーサルチャートである。

マーケットプロファイルの設定について

　ジャーディンレンジはマーケットプロファイル（プライスヒストグラム）を基に作る。そのとき、できるだけ過去にさかのぼったほうがよい。最低でも１年前だ。そして１つ１つのヒストグラムが１日の値動きをきちっと表すようにする必要がある。

　標準の設定では30分足を使う。だが、私は５分足を使って精度を高めている。気にしなければならないのは価格未再訪のバージン・ポイント・オブ・コントロール（VPC）だ。したがって、価格が一度でも再訪したPOCは表示しないように設定できれば便利だ。私が使っているエンサインソフト社のチャートプログラムでは、それが可能である。

　図7.1は、VPCだけを表示したマーケットプロファイルだ。破線の矢印は、価格が通り抜けるまでVPCだったPOCを示している。一方、実線の矢印は、2009年10月15日の取引開始時点でのVPCを

図7.1 マーケットプロファイルとVPC

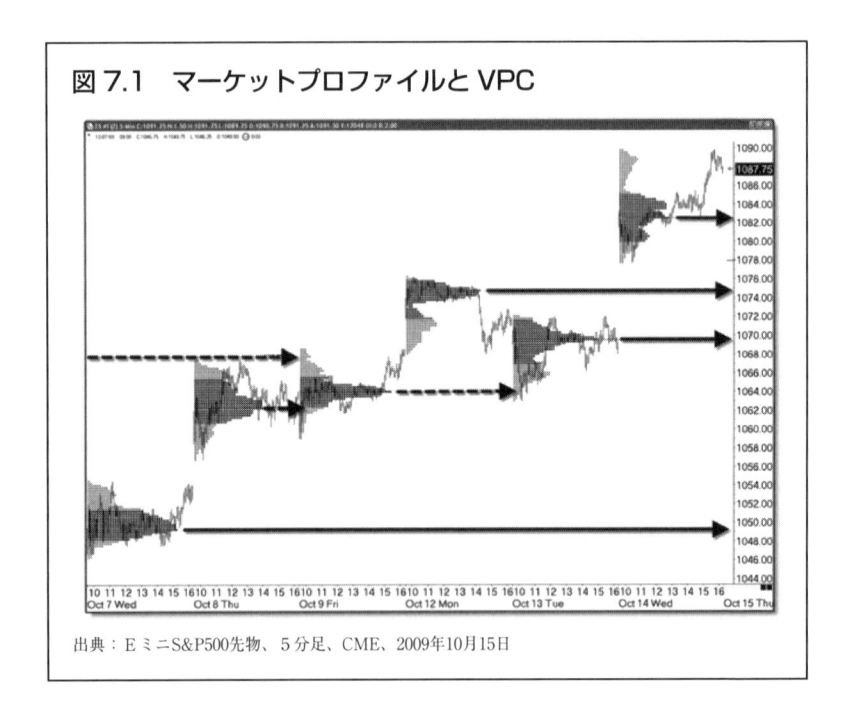

出典：EミニS&P500先物、5分足、CME、2009年10月15日

表している。

図7.2は、エンサインソフトウェア社のマーケットプロファイル設定画面だ（枠で囲ってあるのは「VPCだけ表示」のチェックボックス）。この設定画面では、プロファイルの色も選択できるようになっており、POCを中心にnパーセントの幅をカバーする領域とそれ以外の領域の色を変えることができる。nの設定は通常70パーセントで、**図7.1**のマーケットプロファイルで色の濃くなっている部分がそれだ。もっとも、私はこの機能は使っておらず、ひたすらプロファイルの形だけに注目している。

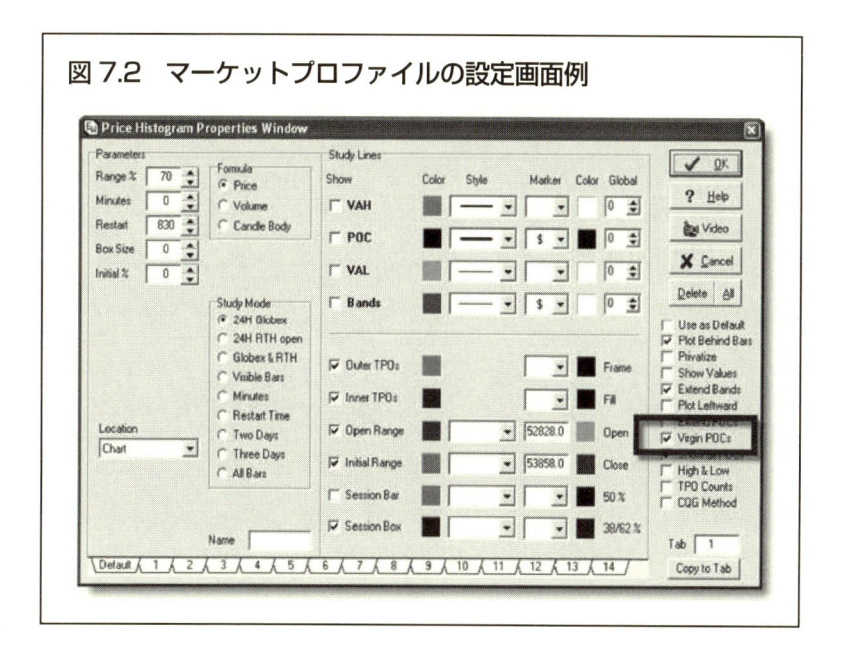

図7.2　マーケットプロファイルの設定画面例

第2章で説明した5種類のプロファイルの型をもう一度確認してほしい。プロファイルの形状がノーマル、マルチペナント、ダブルペナントのいずれかなら、私はPOC、ときにはMPC（マイナーPOC）を使ったトレードをする。

フラットやブラントの場合は、それを「1日1回のトレード」に使うことはない。ブラントをデイトレードのスキャルピングに使うことはある。だが、それは"ダメでもともと"の気持ちの場合だ。本書の主眼のひとつは、そうした主観に基づいてお金を賭けるリスクを避けることにある。

第1のチャート――ジャーディンレンジ

　ジャーディンレンジは2つのVPC、当日始値のすぐ上のVPCとすぐ下のVPCを境界線とする。私は通常、相場が引けたあと、翌取引日のジャーディンレンジの候補となる領域を四角の枠で囲むようにしている。そして、翌朝一番、日中取引が始まる前に、それを更新している。

　図7.3をご覧いただきたい。10月16日金曜日、私は1086.00を売り仕掛けのポイント、1074.75を買い仕掛けのポイントとした。10月14日水曜日に作られたPOC（a）がまだVPCとして有効であるのに、

図7.3　ジャーディンレンジ

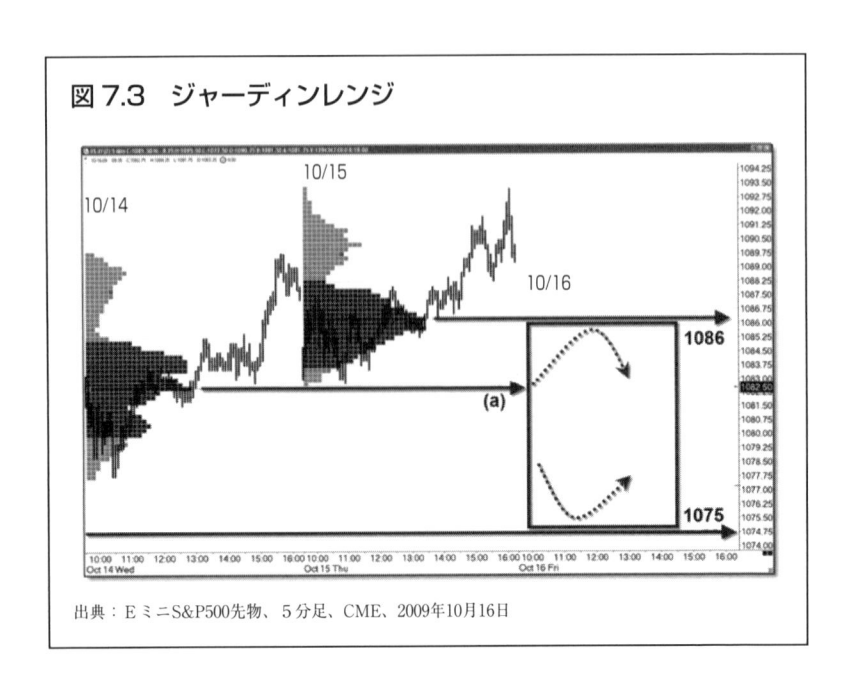

出典：EミニS&P500先物、5分足、CME、2009年10月16日

ジャーディンレンジの下限として使わなかった。なぜか。

その理由は、金曜日の朝、相場がまさに14日に作られたVPC付近で始まったからだ。私は「相場がVPCもしくはその近辺から始まった場合、そのVPCは無効になる」というルールを設けている。

考えてみてほしい。1センチ床上からボールを落としても、そのボールは跳ね返らない。コロコロと床を転がるだけだ。一方、床上数メートルからボールを落とせば、間違いなく跳ね返る。同じことがジャーディンレンジでの価格反転についてもいえるのだ。

相場がちょうどVPCのところで始まったとしたら、そのVPCで目に見える反転が起きることは期待できない。価格は適度に離れたところからVPC"へと"動く必要があるのだ。そのことを第2のチャートで確認してみよう。

第2のチャート──ユニバーサルチャート

ユニバーサルチャートには、コンジェクチャーライン（ケルトナーチャネルと2つのストキャスティックス）が含まれる。

図7.4を見てほしい。日中取引が始まる前に、私はジャーディンレンジの上下限をこのチャートにも記入している。この金曜朝の事例の場合、レンジの上限は1086.00、下限は1075.00だ。

私はユニバーサルチャートに50レンジチャートを使っている（訳注　一定時間間隔での値動きを表示する一般的なチャートではなく、価格が0.50ポイント動くごとに表示するチャート）。あるいはティックチャートを使ってもよいだろう。

図7.4　ユニバーサルチャート

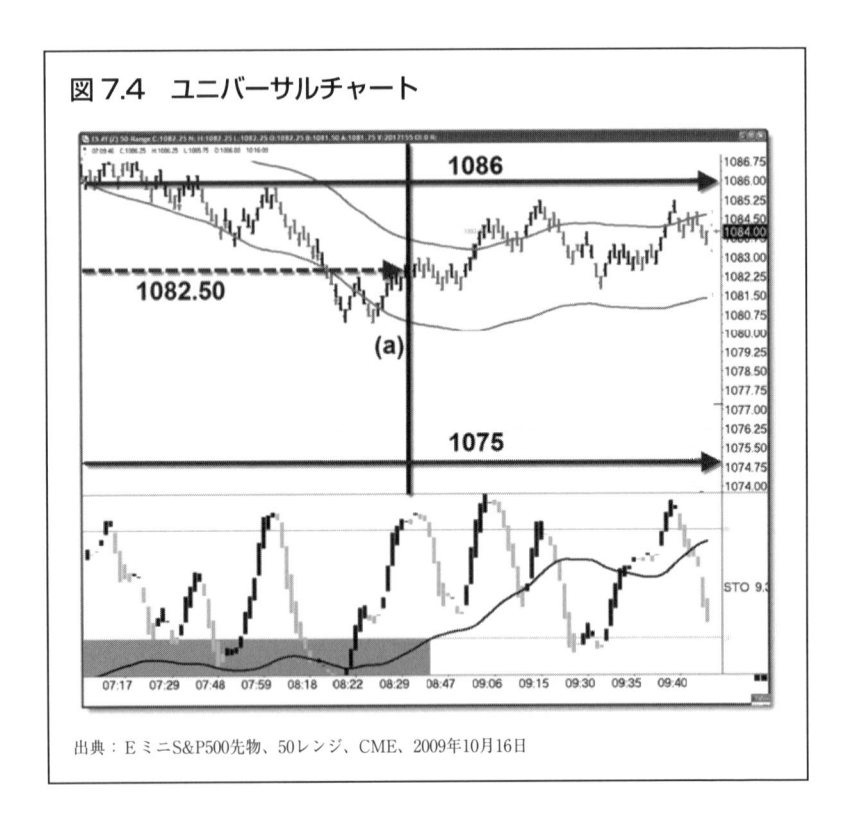

出典：ＥミニＳ＆Ｐ500先物、50レンジ、ＣＭＥ、2009年10月16日

　レンジチャートやティックチャートを使うのは、日中取引が始まる前の値動きについての情報が欲しい一方で、出来高の少なさでその情報がゆがめられるのを望まないからだ。夜間取引の値動きを１分足で表示したら、間延びしたチャートになってしまう。

　レンジチャートやティックチャートなら夜間取引の値動きを圧縮して、日中取引の出来高ベースのチャートと同じようにしてくれる。図7.4を見れば、そのことが分かるはずだ。日中取引は縦線（ａ）

の午前9時半（米東部時間）に開いている（訳注　図7.4のチャートは米中西部時間を用いているため、9時半ではなく8時半になっている）。出来高は縦線（ａ）の左側のほうがはるかに小さいにもかかわらず、縦線（ａ）の左右でチャートの姿はまったく同じだ。

　夜間取引、つまり日中取引が始まる前の値動きを見るのは非常に参考になる。夜間の値動きによってジャーディンレンジを更新できるからだ。例えば、図7.4を見ると、始値が前日15日の終値1089.75（図7.3参照）から大きく窓をあけて下げている。これは、夜間に価格が1086.00のVPCと1082.50のVPCを抜けて下げ、少し戻して午前9時半（米東部時間）にちょうど1082.50のVPCのところで市場が始まったからである。

　これは偶然だろうか。そうではない。皆さんご承知のとおり、VPCは強力な価格誘引点である。ちょうどVPCのところで日中取引が始まるのは珍しいことではないのだ。この場合、そのVPCを使ってのトレードは行わず、新たな情報を考慮して、ジャーディンレンジを上下に動かして更新するだけである。

　日中取引の始値がVPCからどれだけ離れていれば、そのVPCをトレードに使ってもよいといえるのだろうか。そのモノサシとして最適なのが、ケルトナーチャネルだ。日中取引が始まったときにVPCがケルトナーチャネルの外側にあれば、まだVPCとして有効である。内側にあった場合は、近すぎて有効ではない。

　図7.4を見ると1082.50のVPCは日中取引が始まったときにケルトナーチャネルの内側にある。したがって、バウンドの余地が小さく、この売買システムの目的に合わない。

もちろん、夜間取引で出たシグナルを使ってトレードをするという選択肢もある。日中取引が始まる１時間前（米東部時間で午前８時半から９時半）には、かなりの出来高があり、安定的にトレードが行われているからだ。**図7.4**の例でいえば、８時以降に1082.50のVPCを割って出た買いシグナルに基づいて買い仕掛け、ケルトナーチャネルの上端で手仕舞っていれば、日中取引が始まってすぐに１ポイントの利益を得ることもできただろう。

●**仕掛けのシグナル**

　さて、ちょうど1082.50のVPCのところで日中取引が始まり、価格は波を打ちながら上昇していった。次なる強力な磁場である1086.00のVPCへと、いやおうなく引きつけられている。

　価格が上昇すると前もって分かっていただろうか。そんなことはない。下がるかもしれないと思っていただろうか。かもしれない。だが、そのようなことに意見を持つのは"やめた"ほうがいい。それよりも、そのどちらかが起きたときに何をすべきかを理解しておき、事態にすばやく反応して行動に移すほうが賢いというものだ。

　図7.5（**図7.4**の右半分を拡大したもの）を見ると、価格は1086.00のVPCに引き寄せられている。価格がそのVPCに達したちょうどそのとき（ｂ）、２つのストキャスティックスがともに80パーセント基準ラインを超えており（ａ）、ここで売り仕掛けに備えることになる。価格がVPCに達したところでストキャスティックスの転換が起きたわけで、見事な符合を見せている。

　罫線の色が上昇（黒）から下降（明るいグレー）に変わり、その

図7.5 売り仕掛けのシグナル

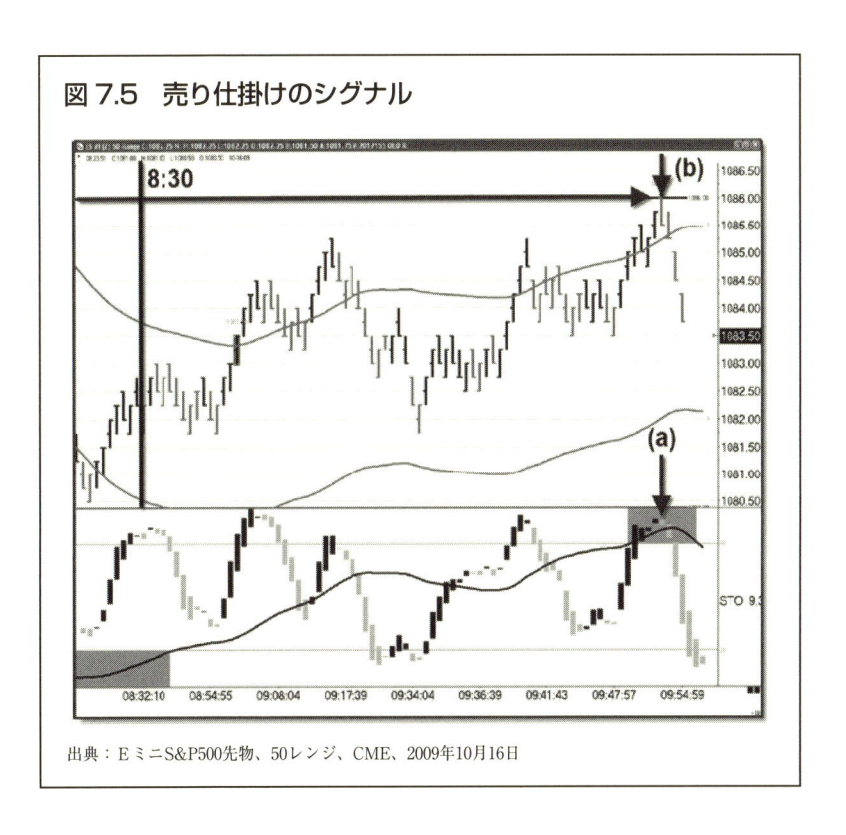

出典：ＥミニＳ＆Ｐ500先物、50レンジ、ＣＭＥ、2009年10月16日

罫線の安値1085.50で売りシグナルが出た。そこで私はその1ティック下、1085.25に売りストップを置いた。

●手仕舞いのシグナル

図7.6（図7.5をさらに拡大したもの）を見ると、手持ちのポジションの半分を手仕舞うシグナル（○で囲んだ部分）が、実に仕掛け（矢印）てわずか90秒後に出ている。これぞ、わが「1日1回の

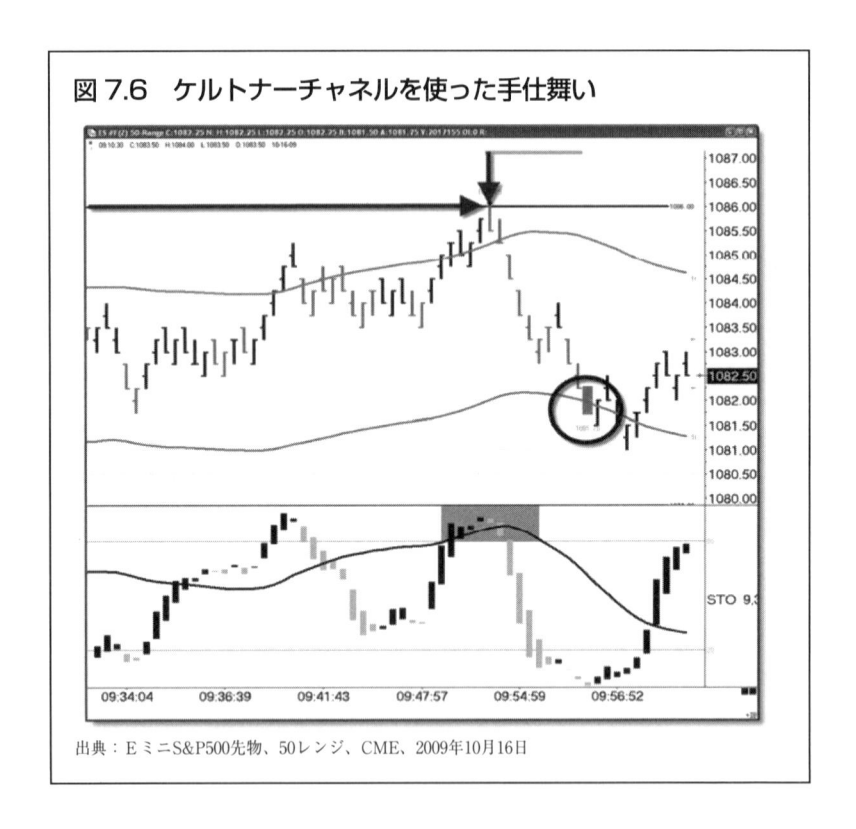

図7.6 ケルトナーチャネルを使った手仕舞い

出典：EミニS&P500先物、50レンジ、CME、2009年10月16日

トレード」だ。それにしても、これはかなり速い。

　こうなると、次なる疑問は、ここから戻りがあって、シード波になるかどうかだ。ケルトナーチャネルでまず半分を手仕舞ったあと、何が起きただろうか。

●2度目の手仕舞いのシグナル

　実際のところ、これはシード波となった。奇しくも私が椅子に腰

かけて本章を書いていたその日のことだ。ここまで本書を読んでこられた読者なら、このあと何が起きたか想像がつくはずだ。

そこで、次に進む前に、**図7.7**（図7.6の続き）を見て、a～fのアルファベットが何を意味するか、書き出してみてほしい。答えを先に見ないように！

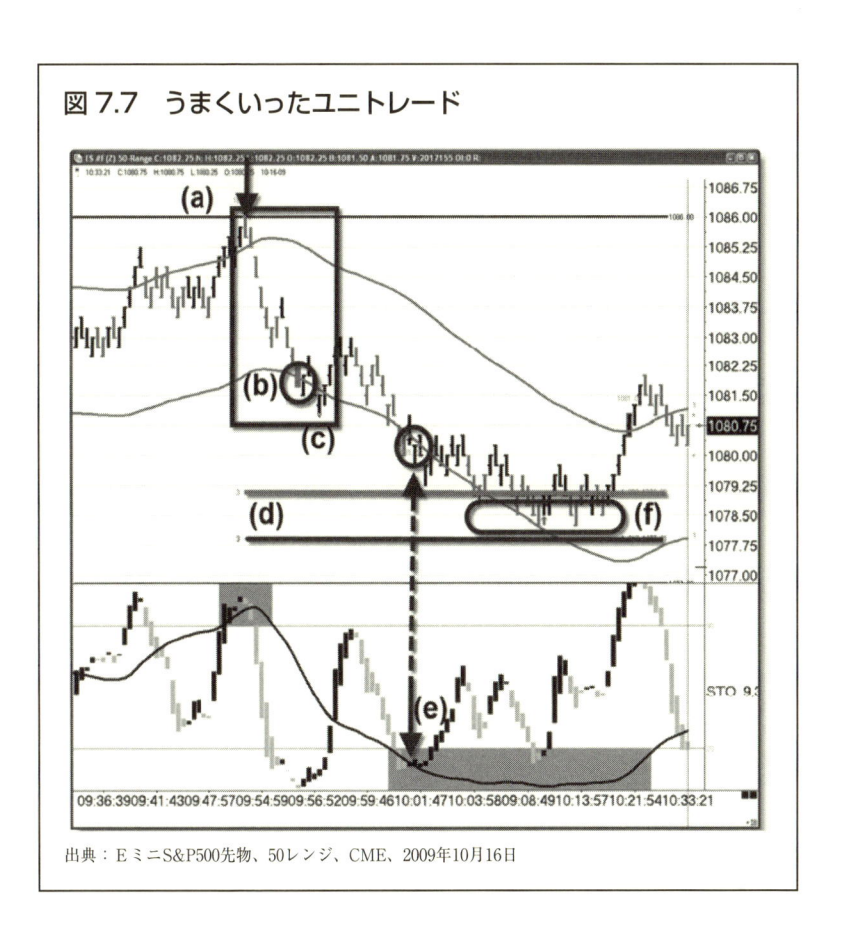

図7.7　うまくいったユニトレード

出典：EミニS&P500先物、50レンジ、CME、2009年10月16日

a．VPCとストキャスティックスの反転シグナルで売り仕掛け。

b．ケルトナーチャネルの端に達したところでポジションの半分を手仕舞う。

c．シード波の下端。これがシード波であることは、ここから値を戻し、第3波が直近の最安値を切り下げたことで確認できた。この時点でフィボナッチ数を引っぱり出して、第3波がどこで終わるかを予測した。

d．フィボナッチ数で予測した第3波の終息ゾーン。シード波の高さに1.382～1.618をかけたもの。ここがポジションの残り半分を手仕舞う目標となる。

e．ここで、スローストキャスティックスが80パーセント地点から20パーセント地点への移動を完了し、ファーストストキャスティックスもここで反転した。ポジションの残り半分を手仕舞う標準的なシグナルである。この場合フィボナッチ水準の目標にはまだ届いていない。どうするか。その判断はあなたにお任せする。

f．ここで価格が第3波の目標に到達した。これがたまたまこの下げトレンドの底ともなり、この日はその後ずっと価格を戻していった。

トレードをブログで報告する

　通常、私は毎日のトレードをブログにアップしている。時間が許せば、トレードに間もなく入るというアラームを事前にブログに載せている。いうまでもなく、これは自分を縛ることであり、万が一トレードが不首尾に終わっても、私はその事実から逃げることができない。

　図7.8と図7.9は、2009年10月16日に、実際にブログにアップし

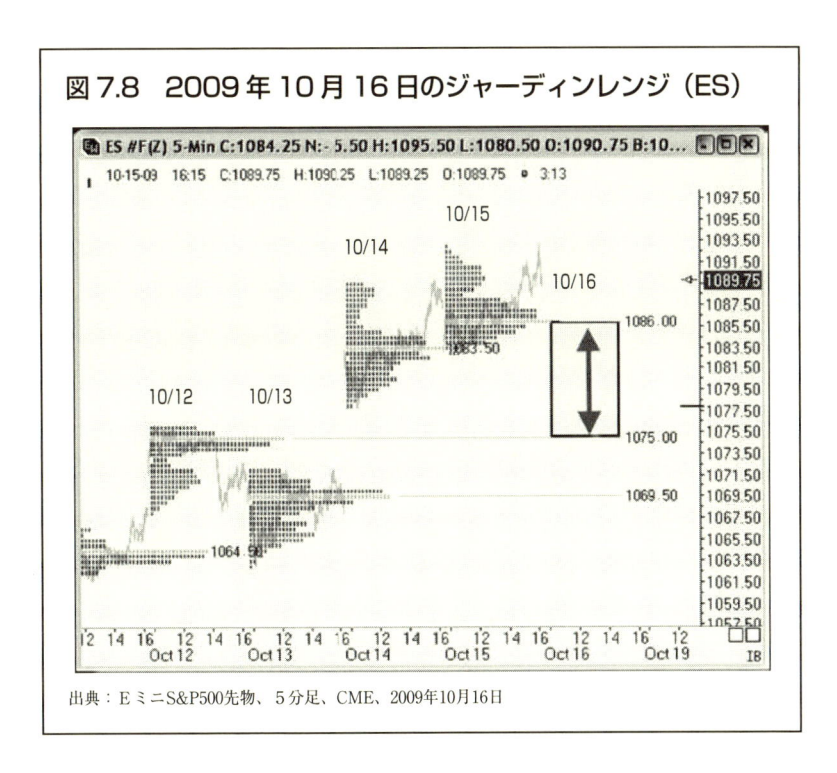

図7.8　2009年10月16日のジャーディンレンジ（ES）

出典：EミニS&P500先物、5分足、CME、2009年10月16日

図7.9 売りシグナル近し

出典：EミニS&P500先物、50レンジ、CME、2009年10月16日

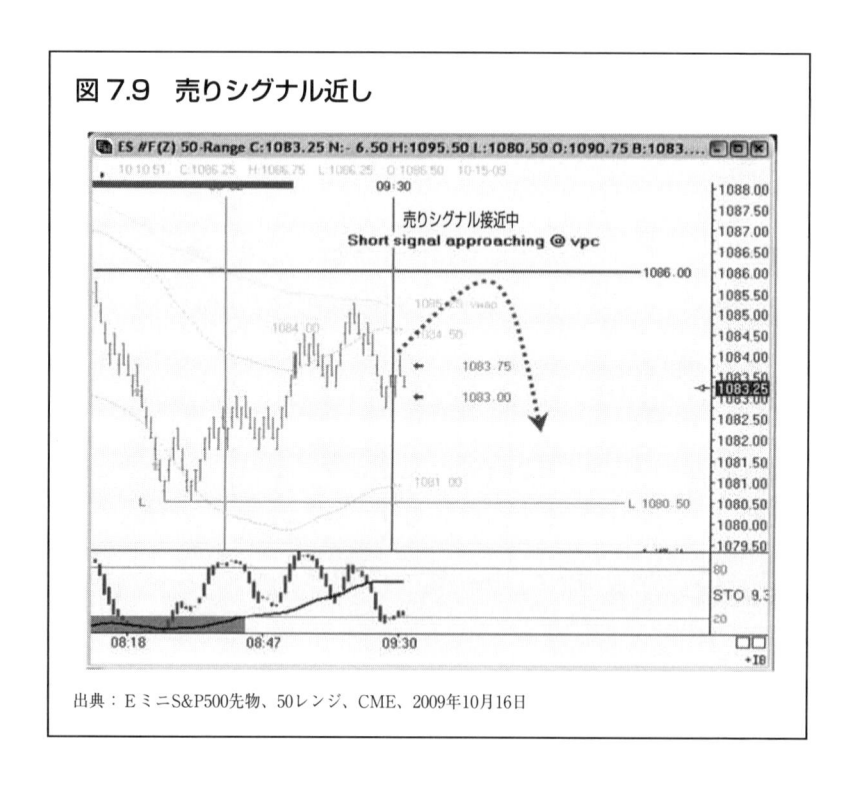

たものだ。いつアップしたかを示すタイムスタンプ（太平洋夏時間）もついている。

通常、ジャーディンレンジをアップするのは、日中取引が始まる直前だ（図7.8）。

そして、価格がVPCに向かって動き始めたら、トレード開始のシグナルが近づいているということをブログ閲覧者に知らせるために、警告のためのチャートをアップする（図7.9）。トレンドの方向性を示す単純明快な矢印付きだ。私のチャットルームを訪れてい

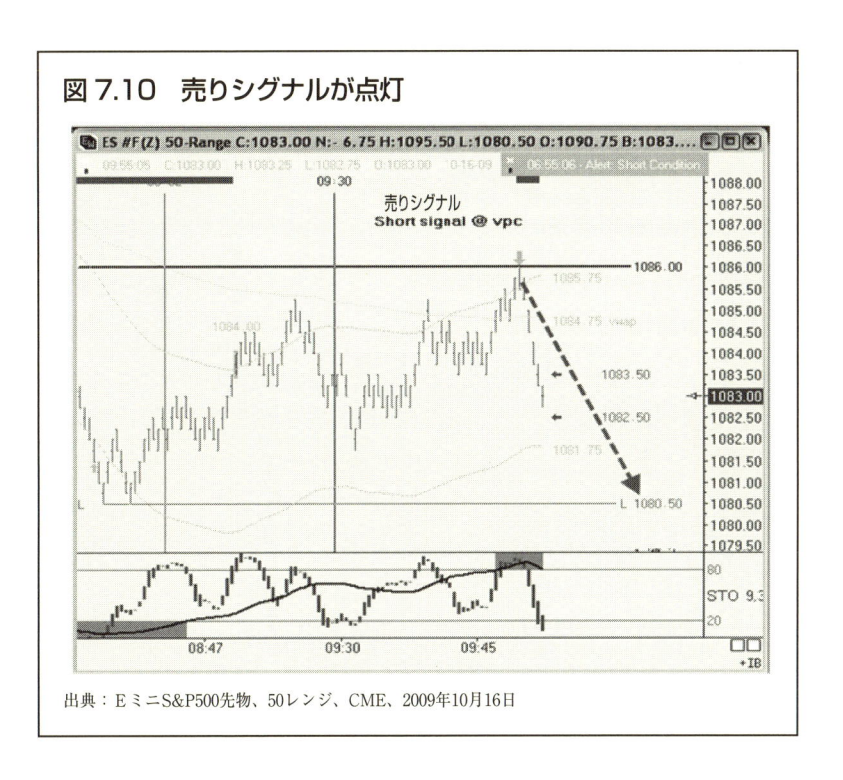

第7章 ジャーディンレンジとユニバーサルチャート

図7.10 売りシグナルが点灯

出典：EミニS&P500先物、50レンジ、CME、2009年10月16日

る人たちは私の投稿をリアルタイムで見ることができる。さらにはパソコンの前に座っていない人も気づくように、Yahoo!メッセンジャーとツイッターでも配信している。

仕掛けたあとは別のチャート（**図7.10**）をブログにアップして、シグナルが出たことを知らせるとともに、トレンドの方向性も示す。しかし、この事例では、そのチャートをアップすることなくトレードを手仕舞うことになってしまった。

トレードを終えたら、手仕舞いのときの買値（売値）と、利益ま

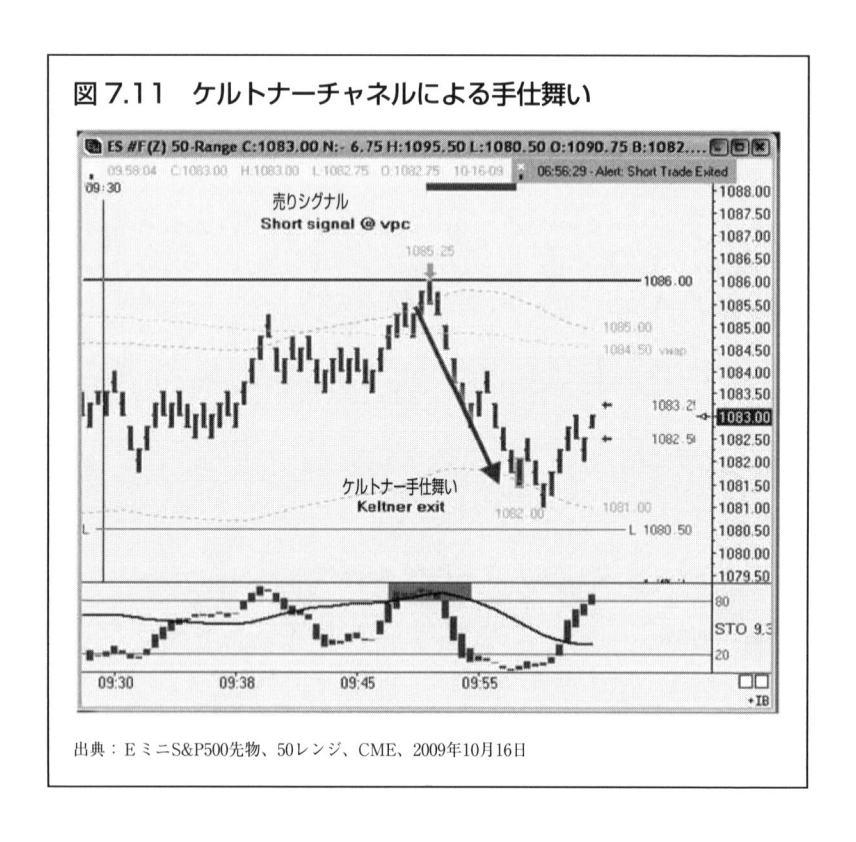

図7.11　ケルトナーチャネルによる手仕舞い

出典：EミニS&P500先物、50レンジ、CME、2009年10月16日

たは損失額が分かるチャートをアップする。純粋に客観性を保つためだけの目的からストップの設定値は公開しない。**図7.11**で示すように、ケルトナーチャネルによる手仕舞いのポイントだけを示すことにしている。これは利益を得たか損失を被ったかに関係なく掲載する。なお、ストップ戦略については第9章の前半をご覧いただきたい。

　トレンドがさらに伸びて、引き続きトレードを行う場合は、**図**

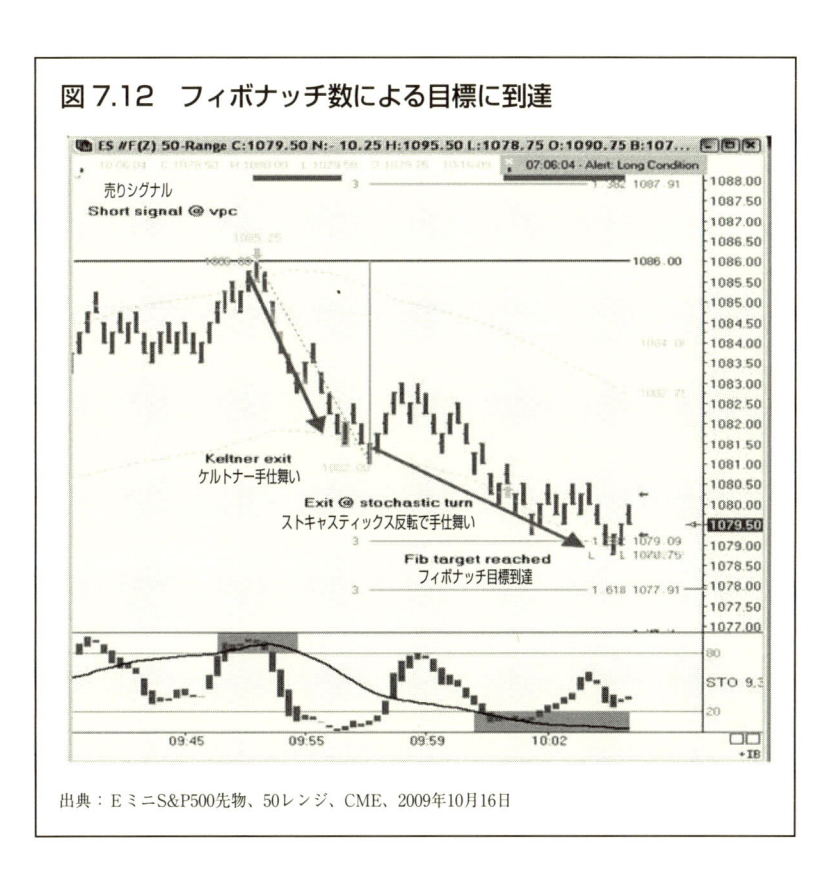

図7.12 フィボナッチ数による目標に到達

出典：EミニS&P500先物、50レンジ、CME、2009年10月16日

7.12に示すように、そのチャートもブログに掲載することになる。

理解度確認テスト

1．ユニバーサルチャートによるトレードでの最初の買いシグナルは？
   a．価格がVPCの上から下降してきてVPCラインに達する
   b．価格がVPCの下から上昇してきてVPCラインを上抜ける
   c．スローストキャスティックスが20パーセント基準ラインを下回る
   d．スローストキャスティックスが80パーセント基準ラインを上回る

2．第2の買いシグナルは？
   a．価格がVPCの上から下降してきてVPCラインに達する
   b．ファーストストキャスティックスの%Dが%Kにクロスする
   c．ファーストストキャスティックスが20パーセント基準ラインを下回る
   d．スローストキャスティックスが20パーセント基準ラインを下回る

3．探すべき第3の買いシグナルは？
   a．以上の2つですべてであり、あとは買い仕掛けをするだけ
   b．ファーストストキャスティックスの%Dが20パーセント基準ラインの下で%Kを上抜く
   c．ファーストストキャスティックスがスローストキャスティックスを上抜く

d．価格がVPCラインで反転して上昇し始めたときにファーストストキャスティックスが下降から上昇へと転じる

4．買いトレードでの手仕舞いの最初のシグナルは？
　　a．ファーストストキャスティックスが80パーセント基準ラインに達する
　　b．スローストキャスティックスが80パーセント基準ラインに達する
　　c．価格がケルトナーチャネルの反対側の端に達する
　　d．価格がフィボナッチの1.618ターゲットに達する

5．買いトレードでの手仕舞いの第2のシグナルは？
　　a．スローストキャスティックスが80パーセント基準ラインを上回り、ファーストストキャスティックスの%Kが%Dを下抜く
　　b．スローストキャスティックスが80パーセント基準ラインの上で反転する
　　c．価格がフィボナッチの1.618ターゲットに達する
　　d．価格がフィボナッチのスリーポイントターゲットに達する
　　e．aまたはb
　　f．aまたはc
　　g．bまたはd
　　h．a～dのすべて

☞　解答は201ページに

第3部
理論から実践へ

Putting Theory to Practice

第3部では、これまで私が述べてきたことを繰り返す。そのなかで、いくつかおいしい話も披露したい。

　お金を失う最も簡単な方法は、使っているテクニカル指標がうまくいかないと、すぐに乗り換えてしまうことである。いい換えれば、1つの指標、1つの設定を一貫させることが不可欠だ。

　私のブログがほかのブログと違う点のひとつは、トレードの枠組みを前もってブログにアップすること、そして利益が出ようが損が出ようが、結果もアップすることである。そうやって自分自身も学んでいるのだ。あとから振り返ってのコメントは役立つことも多い。しかし、うまくいったトレードをあとから掲載しても何の役にも立たない。

　読者の方々も私の方法を理解し始めていただいていると思う。第3部ではユニバーサルトレードの4つの主なタイプを説明したい。それによって読者はトレードで起き得る事態と、予期せぬ事態への対処方法を理解していただけるだろう。

第8章　トレードのタイプ
Trade Types

　ジャーディンレンジを使ったユニバーサルトレードには4つの典型的なタイプがある。そのうち3つは利益が出るものだ。残る1つは利益が出ないタイプであり、これについては第9章で個別に解説する。本章では利益の出る3つのタイプのトレードで起き得る事態を説明する。

タイプ①ケルトナーチャネルによる標準的な手仕舞い

　VPCでの価格反転で仕掛け、ケルトナーチャネルで利食いをするのが標準的なトレードである。そこで価格が再び反転して最初の仕掛けポイントまで戻ることがよくある。
　図8.1は、その一例だ。この売りトレードでは、VPCラインで売り仕掛けをし（太い縦の矢印）、ケルトナーチャネルの反対の端（○で囲んだ部分）で手仕舞った。ところが、ケルトナーチャネルで利食いしたあと、価格はVPCでの反転前に向かっていた方向へと戻している。
　この事象はVPCの強さをよく表している。価格がVPCに近づいたとき、そこで従来のトレンドが反転するか、継続するか、誰にも分からない。ただ、結果的にトレンドが継続するとしても、少なく

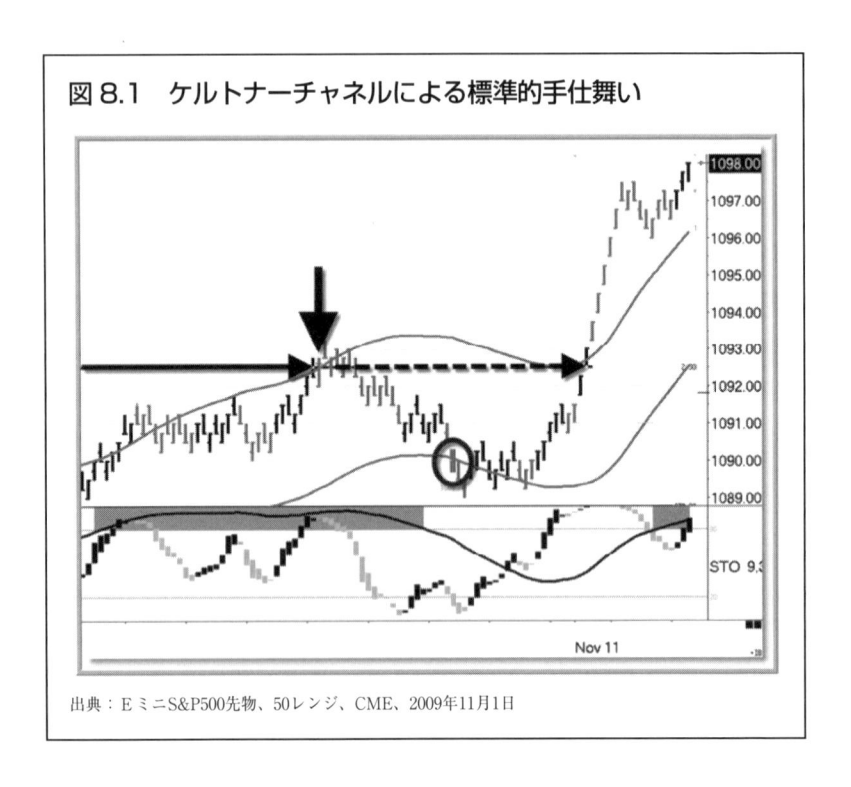

図8.1　ケルトナーチャネルによる標準的手仕舞い

出典：EミニS&P500先物、50レンジ、CME、2009年11月1日

ともアベレージ・トゥルー・レンジ、つまりケルトナーチャネルの幅だけいったん戻すことが多い。

タイプ②ケルトナーチャネルによる手仕舞いとフィボナッチエクステンションの併用

　複数単位（枚数）で売買する理由の1つが、このタイプがあるからである。タイプ①のトレードは「床の上に落ちているお金を拾う」

ようなものだった。だが、VPCからの戻しがシード波に発展したらどうだろうか。何といっても、シード波は、ほかの指標や支持・抵抗線のどれよりもVPCのところで発生することが多いのだ。したがって、客観的な売買システムを作る場合には、この可能性を考慮に入れておく必要がある。つまりケルトナーチャネルで「安全に」手仕舞いをするとともにポジションの一部をとっておき、シード波からの伸び（エクステンション）に備えるのだ。

具体的にどうするかというと、ケルトナーチャネルでポジションの半分を手仕舞ったあとで、残り半分のポジションを保持し、利益を確保するためのストップ注文を置いておくだけでよい。ストップの位置はブレークイーブンストップでかまわない。その後マーケット・ストラクチャー・ハイ（MSH）やマーケット・ストラクチャー・ロー（MSL）が形成されたときに、それに合わせて動かせばよい（MSHとMSLについては、本書の付録Aで概要を説明している）。

一例として**図8.2**を見てほしい。ジャーディンレンジの上端は９月30日に形成されたVPC、1056.00である。直近にできたVPCであり形もシャープなので、価格がそちらに向かって動きさえすれば、「トレーダーの記憶」をかなり強烈に呼び覚ますはずだ。

トレードの詳細を示す。

a．VPCライン。価格が急騰したことで、売り圧力が強まると期待された。そこで上昇相場が息切れしたところで売り仕掛けしようとうかがっていた。その機会が来る可能性は高かった。VPCのところでトレンドの勢いが弱まることは多いし、２つ

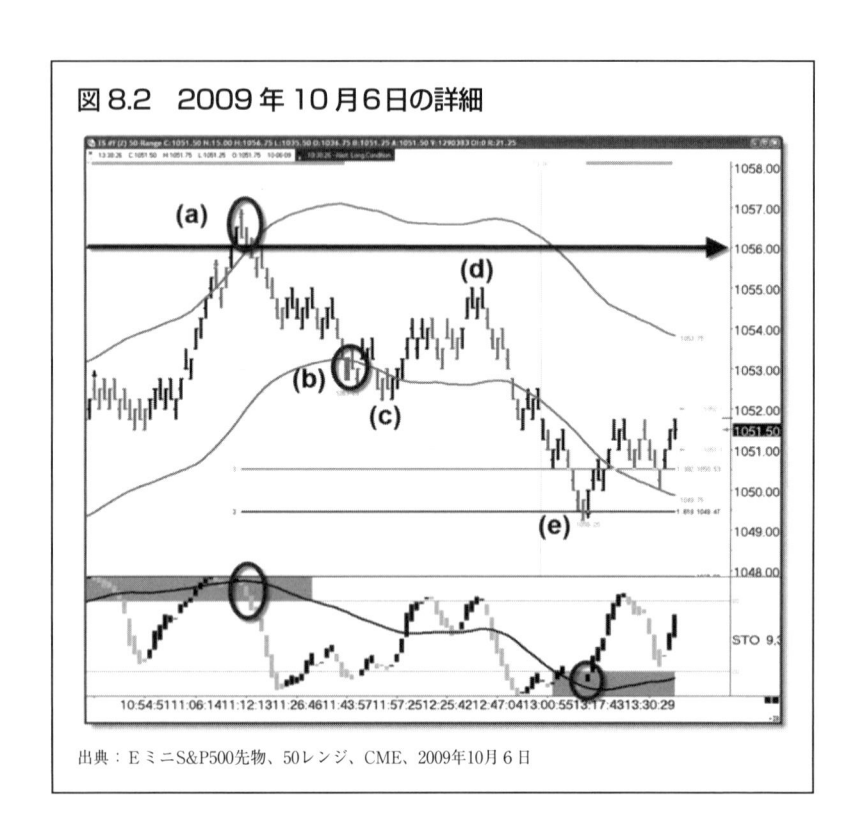

図8.2 2009年10月6日の詳細

出典：EミニS&P500先物、50レンジ、CME、2009年10月6日

のストキャスティックスも80パーセント基準ラインを上回っていたからだ。ファーストストキャスティックスがスローストキャスティックスを下抜けたところで売りシグナルが出た。

b．期待どおり価格は下げてケルトナーチャネルの下端に達し、3ポイントの利益となった。EミニS&P500先物1枚あたりグロスで150ドルと、まずまずの利益である。ここではポジション

の一部を持ったままにし、さらに価格が下げた場合に備える戦略をとった。

c．ここで価格が反転上昇し、(a)～(c)がシード波になる可能性が出てきた。

d．価格が1055.00に達したところで戻しの第2波が終わった。この例では、戻しがかなり強く、トレーリングストップを置いていたら、どこであれ無残に散っていたことだろう。もしあと1ポイント伸ばして1056.00に達していたら、ブレークイーブンストップが働くとともに、第2波は不調に終わり、シード波は可能性のままで終わっていた。

しかし、現実はそうならなかった。その代わりに第3波となりそうな波が始まり、価格が直前の安値(c)を勢いよく割り込んだ時点で実際に第3波であることが確認された。そこで、シード波の高さ(a)～(c)とフィボナッチ数を使い、1049.50～1050.50を目標ゾーンとした。

e．ここでは、下側のウィンドウの2つのストキャスティックスと、フィボナッチ数による目標に注目していた。価格が目標ゾーンの上端である1049.50よりも下げたら、あとはいつ手仕舞ってもかまわない。そのための最後の引き金としてファーストストキャスティックスを使うこともできる。

最も簡単な方法はファーストストキャスティックスが反転上昇する（%Kが%Dを上抜ける）のを待つことだ。それは、チャート上のファーストストキャスティックスの色が変化することで分かる。私のチャートプログラムでは、色が変わるだけでなく、警告音も鳴らすようにして、見逃さないようにしている。

タイプ③２回目の逆トレード

その日の相場がVPCに逆らって動くこと、つまりジャーディン

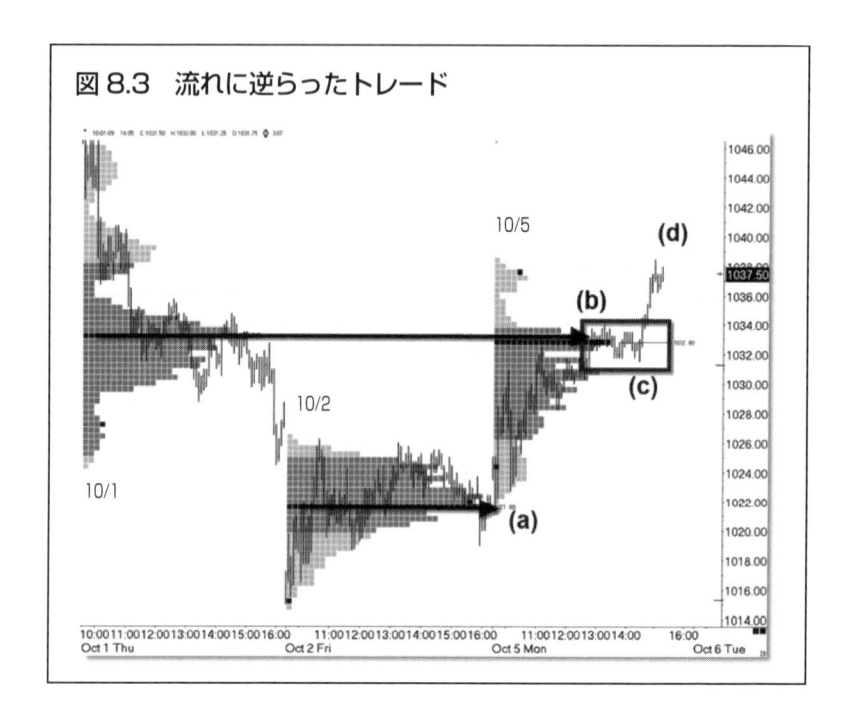

図8.3　流れに逆らったトレード

レンジの包囲網を「突破」してしまうこともあり得る。あり得るどころか、あって当然のことだ。ジャーディンレンジが示すのは単に自然な転換点であり、待機点ではないからだ。

しかし、それでも**図8.3**の（ｃ）に見られるように、相場が結果的にジャーディンレンジを突破する「決断」をした場合でも、（ｂ）～（ｃ）にかけてちょっとした売りトレードをすることが可能である。

図8.4は、そのトレードの様子をタイプ②のトレードと合わせて示したものだ。**図8.3**の一番右のマーケットプロファイルでのトレードの詳細を、ユニバーサルチャートを使って示した。さらに、

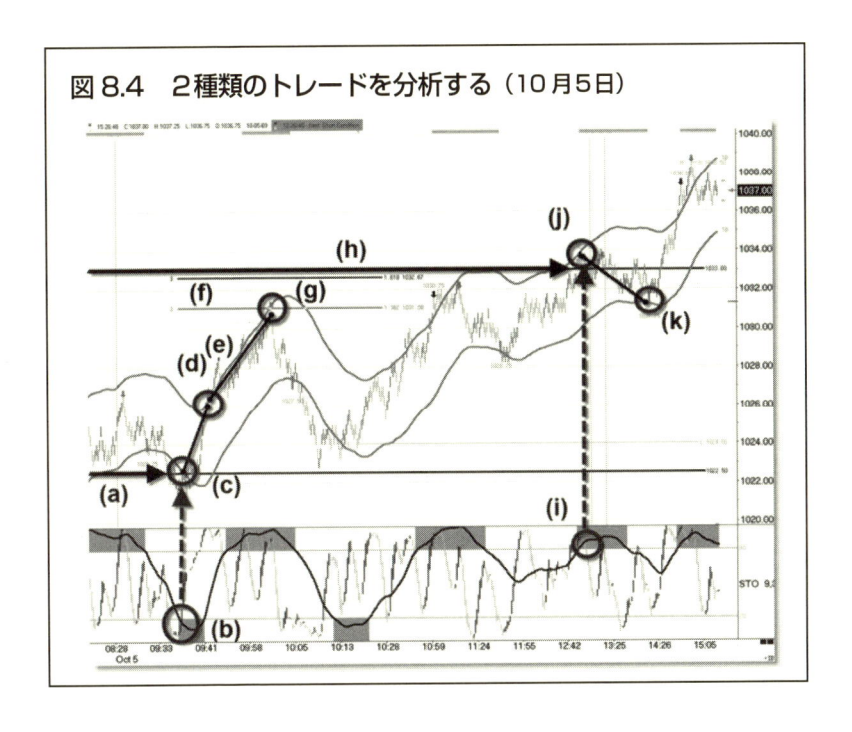

図8.4　2種類のトレードを分析する（10月5日）

137

フィボナッチ数で予測して、ムダのないタイムリーな手仕舞いを行う方法も再び示している。

a．前日10月2日金曜日からのVPCであり、ジャーディンレンジの「底」。

b．ここで価格がVPCラインに触れ、買いトレードのシグナルが出た。スローストキャスティックスが20パーセント基準ラインを下回り、ファーストストキャスティックスも下降から上昇へと転じている。

c．買いトレードの仕掛けポイント。

d．価格がケルトナーチャネルの上端に達した。いつものようにここでポジションの半分を手仕舞う。

e．ここから押しが入って第2波となり、シード波が形成された。そこで、フィボナッチ数を使い、シード波を1.382～1.618倍して手仕舞いの最適ポイントを見積もることができた。

f．フィボナッチ数を使って見積もった、手仕舞いに最適なエリア。

g．実際に手仕舞いを行ったポイント。価格が1.382～1.618のゾーンに入り、ファーストストキャスティックスが上昇から下降へ

と転じている。

h．10月1日のVPCであり、ジャーディンレンジの「天井」。1日のうちにジャーディンレンジの両端で2つのしっかりした売買機会が生まれることは珍しい。このVPCで頭打ちとなり反落するのか、それともVPCは一時的な抵抗線となるだけで、その後強い上昇基調となるのかは予測がつかない。唯一分かるのは、ここが売り仕掛けの機会となる可能性が強いということだ。

i．ちょうどVPCのところでスローとファーストのストキャスティックスがともに80パーセント基準ラインを超えた。

j．ここで売り仕掛け。

k．価格がケルトナーチャネルの下端に達し、ポジションの半分だけを手仕舞った。このケースでは、幸運にもそれが正解だった。相場はまさにケルトナーチャネルのところで引き返し、レンジを抜ける上昇を始めた。

逃したトレード

　売買機会を逃すことも、ときにはある。つまり、どういうことかというと、VPCの少し手前で相場が反転してしまうケースだ。そういうことがよく起きるのではと思うかもしれない。だが、実際は

想像するほど多くはないだろう。

　逃したトレードに対処するためにまずすべきことは、すべてのトレードの記録をとっておくことだ。実際に行ったトレードだけでなく「ニアミス」も記録する。方法は問わないので、**何らかの形でトレードの記録を残しておくことが重要だ。そうしておけば、そのデータをあとで分析し、手仕舞いのポイントやストップの位置を最適化できる**。前著の第16章はまるまるそのことにあてているが、この章は次の忠告で始まっている。「トレードの記録を残すことは、あなたのトレードにとって最も重要な武器だ」。記録の重要性はいくら強調しても強調しきれない。

　私はそのためにエクセルを使っており、データを加工したり、"ソルバー"機能を使ってWhat-ifシナリオを描いたりできるようにしている。そして記録したデータから、価格がVPCに達するまで待ったことで売買機会をみすみす逃していることが多いと分かったら、POCに許容度の概念を導入して、仕掛けのポイントを調整すればよい。

　私の使っているチャートでは、価格がVPCにきっちり触れないとシグナルが出ないようにしてある。しかし、これを2～5パーセントの幅を持つように調整してもよいだろう。それによって、トレードに入る回数を増やすことができる。

　しかし、これには副作用もある。自分の思惑よりも高値あるいは安値で仕掛けることになり、損が出るにせよ利益が出るにせよ、その分ロスになる。

　ニアミスの記録を残しておくことで、エクセルのソルバー機能を

使って、どういう可能性があったかを簡単に見ることができる。簡単な計算で、仕掛けのポイントを例えばEミニS&P500先物で0.5ポイント上にするように調整したら、今行っているトレードで1回1枚あたり25ドルのロスが出ることになるといったことが分かる。

　ケルトナーチャネルを使って手仕舞うユニバーサルトレードの平均利益は約3ポイント（1枚あたり150ドル）なので、勝率が今と変わらないと仮定して、現在行っているトレードの数を6トレードあたり1トレードずつ増やす必要があることになる。

　個人的には、この特別な支持・抵抗線（VPC）に調整を加えるのは好まない。というのは、そうすることでトレードの枠組み設定や仕掛け、手仕舞い、利益最大化のためのきわめて明確な指標を持つ、安全でシンプルで客観的な売買手法に、排除すべき主観がある程度入り込んでしまうからだ。

　私の売買手法のなかで唯一客観的で"ない"のは、次に述べるストップ管理だけである。

理解度確認テスト

1. 次のうち利益が出るのはどのタイプのトレードか?
    a. ケルトナーチャネルによる標準的な手仕舞い
    b. ケルトナーチャネルによる手仕舞いとフィボナッチエクステンションの併用
    c. ジャーディンレンジがブレイクされるときの逆張り
    d. ジャーディンレンジの上端と下端の両方で反転
    e. これらすべて
    f. aとbとc
    g. cとd

2. 売買機会を逃さないようにするための最善の方法は?
    a. 意識を集中させる
    b. トレーリングストップでの仕掛けではなく、価格ベースの仕掛けを使う
    c. POCをポイントとしてとらえるのではなく、2〜5パーセントの幅のあるバンドとしてとらえる
    d. 主観的にトレードをする

☞ 解答は201ページに

第9章　試練のとき
The Hard Part

あのやっかいなストップども

　ストップ管理はきわめて重要である。そして、それが私の行う第4のタイプのトレード、負けトレードに関係してくる。

　トレードの負けが25パーセントだけですむのであれば、こんなにうれしいことはない。トレードで損をするのはしょっちゅうだ。短期では勝つことよりも負けることのほうが多いときすらある。負けるのは勝つことよりもはるかに対処が難しいので、そのことにまるまる1章を割く価値はあるだろう。負け方を学ぶのは、勝ち方を学ぶことよりもはるかに難しい。

　何といっても、損を出すと精神的に落ち込んでしまう。自尊心がこなごなに打ち砕かれて疑心暗鬼に取って代わられ、結果として主観に頼るようになる。そうなったら、失敗は保証されたようなものだ。

　客観性がなくなると、損失がトレードに悪影響を与え、負のスパイラルへと落ち込んでいく。例えば、たったいまトレードで大金を失ったところだとしよう。そのときの自然な反応は「オーケー、何日かトレードは控えて市場の動きを眺めるだけにしておこう」というものだ。だが、それは愚かなことである。やるべきはその逆なのだ。

　統計的にいって、大きな損を出すトレードが2回連続する確率は

かなり低い。したがって、損をした次のトレードは勝つ確率が高くなる。たとえがよくないかもしれないが、ひいきの航空会社の飛行機が事故を起こしたとしても、航空会社を変えてはいけない。その航空会社は利用するのに最も安全な航空会社になるからだ。予定どおり、次の飛行機に搭乗しよう。

同様に、もしトレードで損を出したら、そしてそれが大きな損であればあるほど、損失から立ち直る時間が必要だからという理由でトレードを控えてはいけない。トレードを控えるのは、自分の売買システムを理解できないときか、軍資金がないときだ。

もっと重要なのは、自分の売買システムの方法を完全に理解し、忠実に感情をまじえずに実行できるようになるまで、そもそもトレードを始めてはいけないということだ。そうなるには、訓練、訓練、訓練あるのみである。4つのタイプのトレードをしっかり理解したうえで、実行方法と例外とを知ることだ。

例外は常にある。相場がジャーディンレンジの境界線に目もくれず、VPCのラインを軽々と突破してしまうこともある。EミニS&P500先物の場合、あっという間に10ポイントとか15ポイントとか上昇(ないしは下降)することもある。それは勝ちトレードの平均利益の5倍にもなる。

とすれば、誰しも最初に考えることは、そういうとき、タイトなストップ注文(訳注　仕掛けた場所からできるだけ狭い幅のところに置く、損切り目的の逆指値注文)をおいて、損失を最小限にしたトレード方法はできないかというものだろう。そこで、ストップ戦略をいくつか検討し、タイトなストップを置くのが本当に最善の策

なのか考えてみよう。

価格ベースのストップ

　最もシンプルなストップは、価格に基づいて置くものである。例えば、仕掛けたところから自分の思惑とは逆に３ポイント以上動いたらストップが働くようにするといったものだ。

　この場合も、表計算ソフトと、実際に（あるいは紙上で）行ったトレードのデータ（100回分もあれば十分だろう）を使って、ストップに引っかかる頻度と損失額のバランスがとれた「スイートスポット」を見つけることができる。

　そのために必要なのは、すべてのトレードを追跡調査し、そのトレードで出し得る最大の利益と最大の損失を書きとめることだ。それだけでいい。そうすることで、最適な戦略を検討するための検証ができるのだ。

　タイトなストップは不必要な手仕舞いを誘発して、手仕舞わなければ利益が得られたはずの機会を逃すことにもつながる。

　考えてみてほしい。ストップをタイトにすればするほど、負けトレードの損失は小さくなるが、その一方で勝率も引き下げてしまう。なぜならストップをタイトにすると、勝ち負けに関係なく、ストップによって手仕舞う頻度が多くなるからだ。

　逆にゆるめのストップにすると、勝率は上がるが、負けトレードでの損失が大きくなる。

相場ベースのストップ

　固定の（最適化された）価格をストップとして使う以外の戦略もある。相場ベースのストップは、直近の最高値や最安値といった転換点、支持・抵抗線を使ったストップである。この戦略を採用しているトレーダーは多い。

　このストップを使う場合は、自分なりのルールを決めて、そのルールに従って実際に何十回かトレードをしてみることをお勧めしたい。少なくともジャーディンレンジを使ったユニバーサルチャートでのトレードでは、この方法はあまりうまくいかない。なぜなら、トレードの最中に何度も仕掛けとは逆の方向に相場が動くことが少なくないからだ。

　相場はまさしく魔物である。反対方向に急伸する前にわざと以前の安値を１度か２度試すものだ。

ナチュラルストップ

　私のお気に入りのストップがこれだ。実のところ利食いするのと同じ方法で、ケルトナーチャネルの反対側の端で手仕舞うのだ。この手仕舞いは、結果が利益かトントンか損失かにかかわらず、自然である。ケルトナーチャネルで単純に手仕舞うだけだ。

　そのとき、２ポイントを超える利が乗っていれば、ポジションの半分だけを手仕舞い、残りはシード波による反転に備えて残すという選択肢もある。ただ、損失が出ている場合やトントンの場合は、

ためらわず、すべて手仕舞おう。

教訓――最悪のシナリオ

　次にお見せする一連のチャートは、天国から地獄の道をたどったあと、最後にかすかな希望を残して終わることになる。多くのトレードがそうであるように……。すべて１日のうちに起きたことであり、それはめったにあることではない。
　図9.1に描かれているものは、ここまで読まれた読者の方々

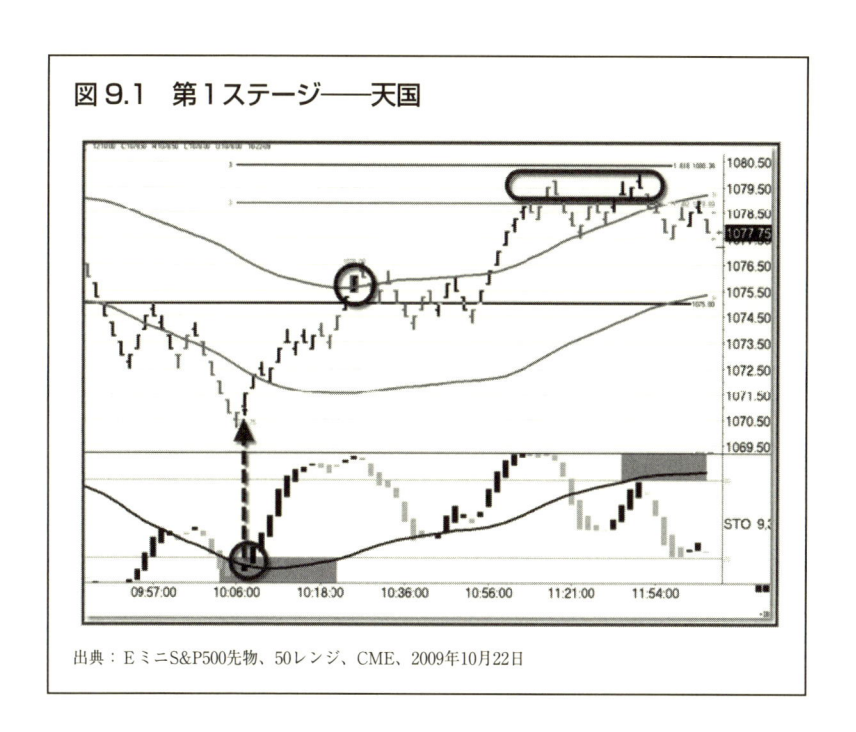

図9.1　第１ステージ――天国

出典：ＥミニS&P500先物、50レンジ、CME、2009年10月22日

にはもうおなじみのはずだ。価格はジャーディンレンジの下端、1075.00のVPCへと下落し、1072.00で買いシグナルが出ている。

なお、このチャートから、仕掛けるときに2種類のストキャスティックスを使う理由がよく分かる。単純にVPCで仕掛けた場合よりも、3ポイント（1枚あたり150ドル）有利となった。

ケルトナーチャネルによる手仕舞いポイントは1076.00で、4ポイントの利益を得てポジションの半分を手仕舞った。その後、フィボナッチ数による目標値1079.00で、残り半分のポジションを手仕舞い、7ポイントの利益を得た。平均利益は5.5ポイントになる。

続く**図9.2**を見ると、価格がフィボナッチのターゲット領域に入ったとき、ジャーディンレンジの上限がそのすぐ上、1081.00のVPCのところにある。アグレッシブなトレーダーならば、フィボナッチのターゲットで手仕舞うのではなく、価格がそのVPCまで動くのを待って手仕舞ったかもしれない。実際、ストキャスティックスの反転もまさにそこで起きている。

しかし、手仕舞いのタイミングはそれほど重要ではない。重要なのは、ジャーディンレンジの上端で、ユニバーサルチャートの2つのストキャスティックスを参考にして、価格反転による売り仕掛けをすることだ。

1日に買いと売りの2回の売買機会があるのは、そう多くあることではない。起こる確率は10パーセント程度だ。しかし、シグナルはいつも明確なので、トレードに入ることになる。

少しばかり貪欲な気持ちになって気分は高揚しており、頭の中で皮算用をしている。「こいつでもう5.5ポイント利益が出れば、1日

図9.2　第2ステージ——貪欲と高揚

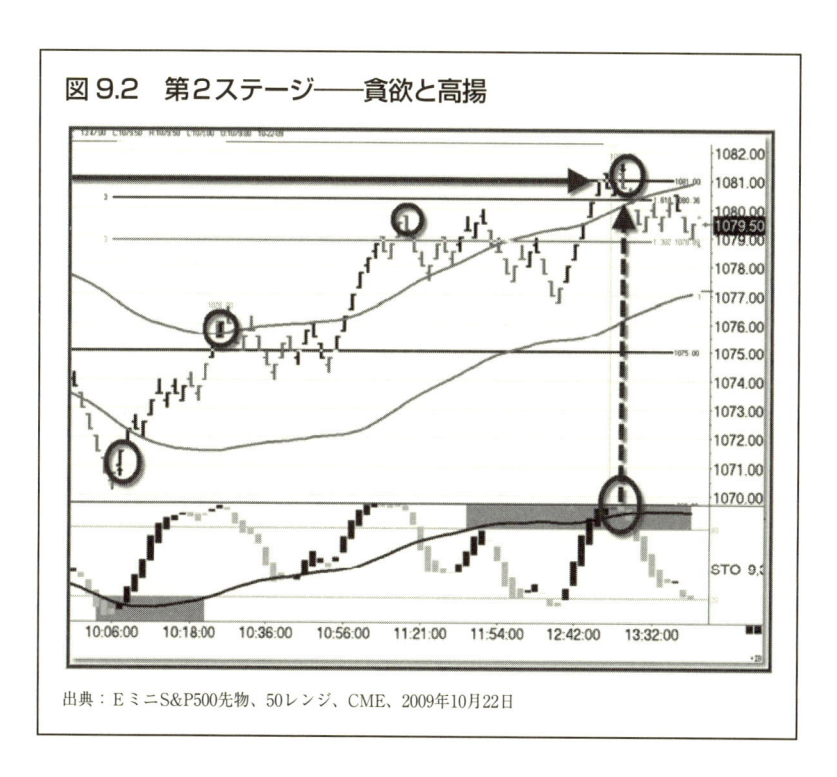

出典：EミニS&P500先物、50レンジ、CME、2009年10月22日

でふだんの1週間分以上稼げるぞ」。気が大きくなって、ふだんの倍の枚数をトレードすることさえ考えたりするかもしれない。「いい気分だ。やり方もすっかりのみ込めたし」。

図9.3は、続いて起き得ることを示している。では、検討してみよう。

（ａ）の1080.50のところで売りトレードのシグナルが出て、実際に売りを仕掛けた。価格はすぐに期待どおりの方向に動き始めている。ケルトナーチャネルの反対側に買いの指値注文を置き、じっと

図9.3 第3ステージ――大惨事

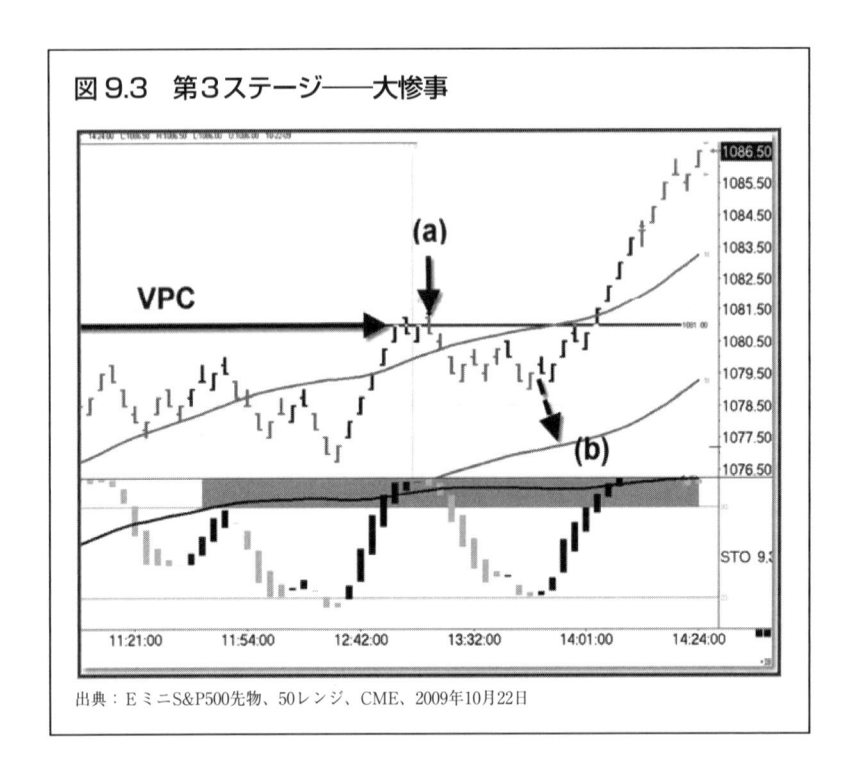

出典：EミニS&P500先物、50レンジ、CME、2009年10月22日

待った。

　ところが、そこまで半分も行かないうちに価格は反転してしまった。困ったことだ。しかし、こういうことはよくある。価格が戻して何回かVPCを試し、それから再び下降を始め、ケルトナーチャネルで示されるアベレージ・トゥルー・レンジの幅だけ下げ返すのだ。

　私にはこういうときに使う「セイフティストップ」がある。その基礎にあるのは一般常識だ。私は、相場の変動幅はケルトナーチャネルが示すアベレージ・トゥルー・レンジによって示されることを

知っている。価格はそこまで戻すはずだ。しかし、もし価格の下落がケルトナーチャネルの下端の寸前で止まって、そこから反転して仕掛けのポイントまで戻してしまったら、私は振幅が少し足りなかったと判断し、ブレークイーブンストップで手仕舞う。

ところが今回の場合、（b）までの値動きはケルトナーチャネルにほど遠かった。そこで価格がVPCラインまで戻したとき、手仕舞わずに売り持ちし、VPCへの試しが終わって再び下降するのを待つという選択肢しかなかった。

こういうことは、これまでもよく起きたし、これまでの章で読者のみなさんも似たようなチャートを多数ご覧になったはずだ。ところが、相場はVPCを試すことなくそのまま通過し、私のポジションと逆の方向へと急激に動いてしまったのである。

しかるべき場所にタイトなストップを置いておけば、救われたことだろう。しかし、タイトなストップを置いておくと、利益が出るトレードの多くで不必要な手仕舞いをしてしまうことになる。結局のところ、ストップをタイトにするか、緩やかにするか、ナチュラルにするかという選択の問題に行きつく。ナチュラルストップ法は、何があろうと、ケルトナーチャネルの反対側で何も考えずに手仕舞うというものである。さて、それから何が起きたか見てみよう。

図9.4を見てほしい。いわば、列車は駅を出てしまったというところだ。そしてこの列車の行く先は……どこだろうか。

通常、急騰した価格は次のVPCで少なくとも一服する。この例では、そのVPCは1094.00である。読者も気づき始めていると期待するが、VPCラインは偶然の産物ではない。

図9.4 第4ステージ——教訓と救い

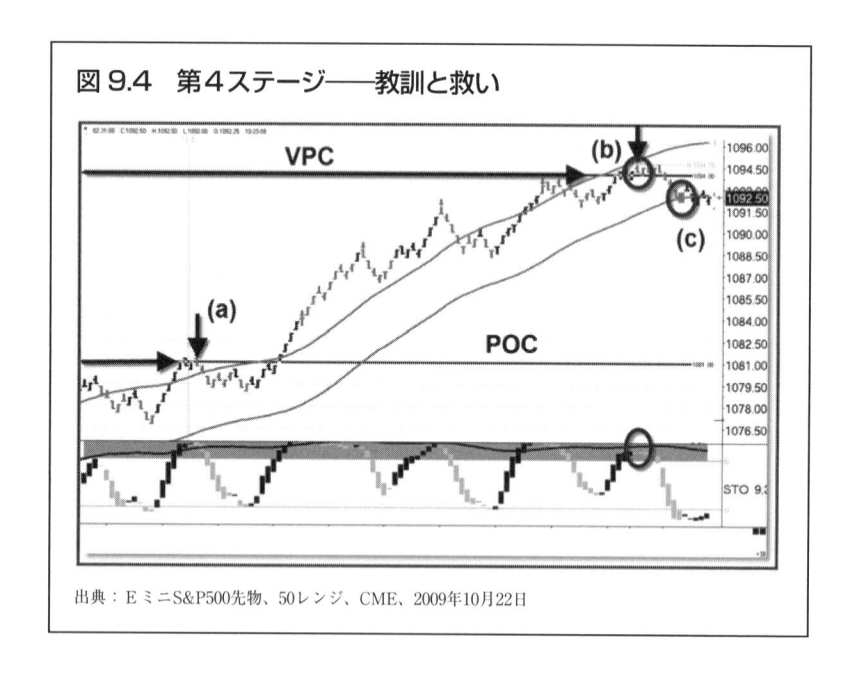

出典：EミニS&P500先物、50レンジ、CME、2009年10月22日

　価格はちょうど1094.00のラインのところまで上昇した。相場がそんなに勢いよく、そんなに一直線に動くなどと予想もできなかった。それは、単にそうなったのだ。

　価格が1094.00のVPCに達したときは、まだ一度もケルトナーチャネルの反対側まで戻していなかったため、私はまだ売りポジションを持っていた。（ｂ）で2度目の売りシグナルが出た。客観的に見てすべきことは再び売り仕掛けること、つまりダブルダウン（倍賭け）である。

　そこで1094.00で売り仕掛けた。この日3度目のトレードだ。そしてケルトナーチャネルの反対側1092.00で機械的に手仕舞った。

結果、この第3のトレードで1枚あたり2ポイントの利益となった。同じところで「大惨事」となったトレードも、11.5ポイントの損失で手仕舞った。かなりの損失である。

しかし、もっと悪い結果になっていた可能性もある。「大惨事」の前後のトレードはいずれも利益が出ていることに注目してほしい。この日の最終結果は4ポイントの損失で済んだ。しかし、それも客観的にトレードしているからこそである。

資金管理についてひと言

資金管理は、どんなシステムを使ったトレードでも極めて重要だ。これから紹介するのは私が「収益均衡法」と呼ぶ方法である。

まず、自分のリスク許容度を考慮して管理可能な資金を用意する。ここでは、EミニS&P500先物を10枚トレードするものとしよう。1枚にあてる資金を5000ドルとすると、5万ドルの資金が必要になる。5000ドルよりも少ない証拠金額で受け付ける証券会社もある。だが、バランスシート方式と組み合せるときは、このあたりが損失を考慮して妥当な金額であろう。

時間の経過に合わせてポジションを適宜調整する。例えば、資金が5万5000ドルに増えたとすれば、ポジションを10枚から11枚に増やす。逆に資金が4万5000ドルに減っていたら、ポジションを10枚から9枚に減らす。

毎月の終わりに資金が5万ドルを超えていたら、超過分を小切手にして自分に振り戻す。したがって、翌月はまた資金5万ドル、ポ

ジション10枚で再スタートすることになる。月末に資金が5万ドルよりも減っていたら、自分への小切手は振り出さない。そして翌月のポジションは、**残高÷5000ドル**にする。例えば、残高が4万ドルなら8枚単位でトレードを始める。

これはかなり慎重なやり方だ。しかし、トレードの結果が思いどおりにならなかったとき、「一文なし」になるのを防ぐことができる。

負けることに備える——そして勝つことにも

先ほどの事例から得られる教訓は、思いどおりにいかない場合があることを知り、それに備えることが重要だということである。簡単なチェックポイントを挙げよう。

１．研究
あるシステムを使ってトレードを始める前に、そのシステムを研究すること。研究期間は、6カ月か100回のトレードか、いずれか早いほうでよい。研究するとは全トレードの記録を残すことである。

２．分析
そのシステムの強み、弱みを明らかにすること。そして、それをどのようにして自分の売買スタイルや性格に合わせるか考えること。

３．最適化
仕掛け、利食い、損切りに最適なポイントがどこかを見定める。

4．ストップ戦略

ストップ戦略を決め、以後はそれを固守する。

5．資金管理

最初は最小限の資金で始めること。システムの理解が進み「儲け」が出始めたら、徐々に資金を増やしていく。そして資金管理の方法を決める。「収益均衡法」を使ってもいいし、利益をすべて投資に回してもいい。

自分の判断に自信が持てるようになり、選択した方法を実践して習熟したら、いよいよトレード開始だ。

第10章　フィボナッチ数列による
　　　　　ジャーディンレンジの3分割
Back to Fibonacci: Jardine Trimesters

　ユニバーサルチャートとジャーディンレンジでのトレードを見ていると、もどかしくなることがあるはずだ。相場がジャーディンレンジの上端に向かって売りトレードとなるか、下端に向かって買いトレードになるか、前もってまったく分からない。相場がVPCに向かってゆっくりと、しかしはっきりと動き始めるまで、待たなければならない。価格がVPCに達して初めて「1日1回のトレード」の機会を得ることになる。

　さて、ここでさらに踏み込んで、VPCから"離れる"動きだけでなく、VPCに"向かう"動きでもトレードができたら、素晴らしくはないだろうか。

　1つ方法がある。フィボナッチ数列プラスちょっとした常識で可能な方法だ。フィボナッチのリトレースメント（押し・戻り）水準は通常、ある価格変動の大きさをもとに、戻しの大きさを見積もるために使われる。最も一般的なのは、1つまたは一連の波の高さを使って次に起きることを予測するというものだ。

　図10.1は価格変動の最高値・最安値から求めたフィボナッチのリトレースメント水準を示している。主要なリトレースメント水準である0.382と0.618をそれぞれ（a）（b）で示した。

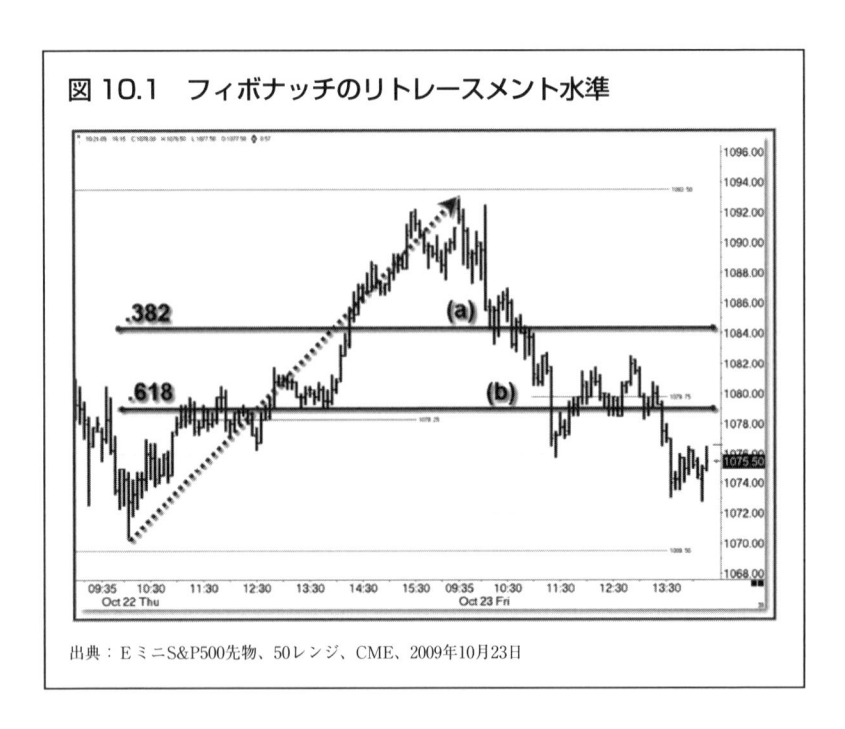

図10.1　フィボナッチのリトレースメント水準

出典：EミニS&P500先物、50レンジ、CME、2009年10月23日

（a）で価格変動の上端からの戻しが一服している。（b）でも同様だ。ただし（b）の横ばいが、0.618のリトレースメント水準の影響なのか、単にその日の早い時間、11～14時の間に起きている横ばいを鏡映しにしただけなのかは分からない。

フィボナッチ水準のもう1つの使用法は、それを直前の価格変動の振幅から求めるのでは"なく"、**図10.2**のようにジャーディンレンジの幅から求める方法である。これによってジャーディンレンジは3つに分割されることになる。

この方法のロジックは、価格がジャーディンレンジのどちらかの

図 10.2　フィボナッチ水準によるジャーディンレンジ3分割

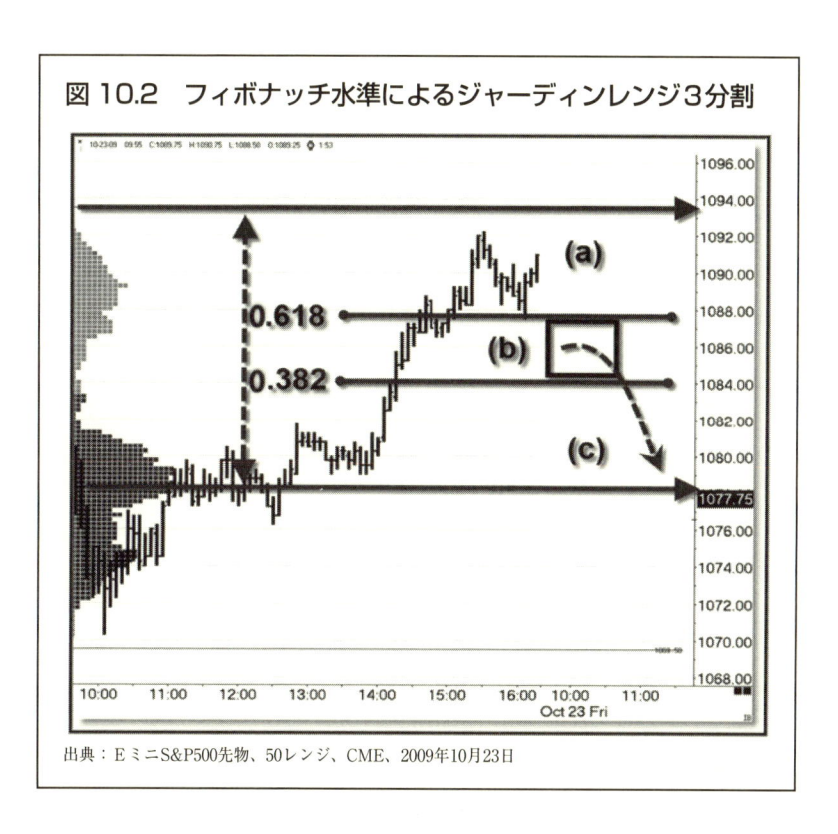

出典：EミニS&P500先物、50レンジ、CME、2009年10月23日

境界に近づけば近づくほど、そこに引き寄せられるという観測結果に基づいている。

　そこから自ずと導き出されるのは、3分割の真ん中のゾーンは「トレード禁止ゾーン」ということだ。なぜなら、そこから価格が上に向かうか下に向かうか分からないからだ。

　しかし、価格が上でも下でも、いったんそのゾーンの"外に"出たら、最寄りのVPCに向かって動き始め、そこに達する可能性が

159

高い。例えば、図10.2でいえば、価格が0.382のフィボナッチ水準よりも低い（ｃ）ゾーンに入ったとすると、ジャーディンレンジの下端、1078.00のVPCまで下落する可能性が非常に高い。

　つまり、1078.00に向かう売りトレードの機会と、ユニバーサルチャートによる、そのラインからリバウンドする買いトレードの機会が生まれるわけだ。

　図10.3は図10.2のチャートの続きだ。今述べたポイントを図示している。価格が３分割の真ん中のゾーン（ａ）を割って、1078.00のVPCまで下落し、そこでユニバーサルチャートによる買

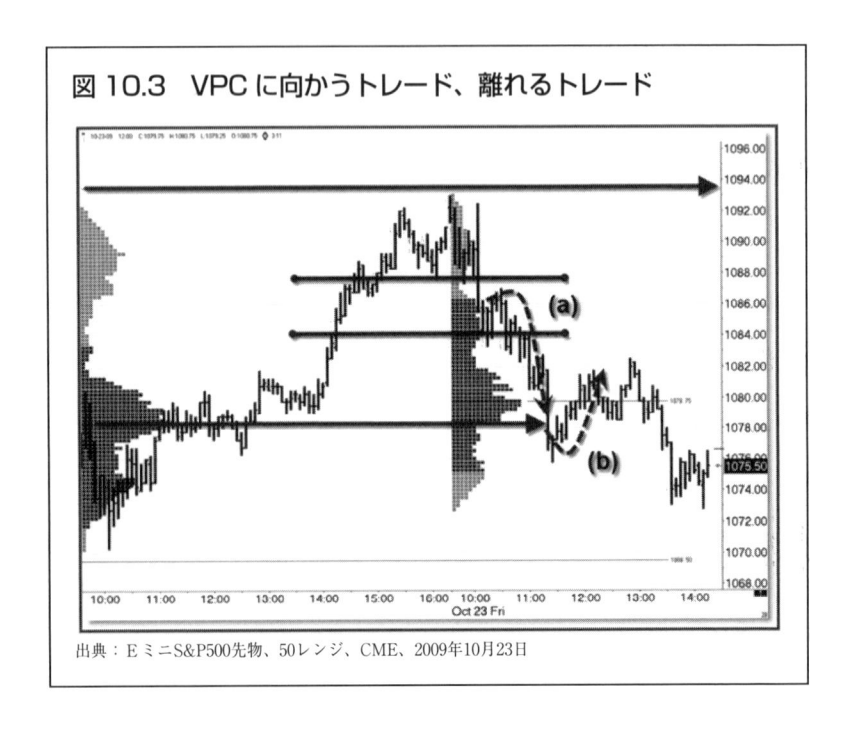

図10.3　VPCに向かうトレード、離れるトレード

出典：ＥミニＳ＆Ｐ500先物、50レンジ、CME、2009年10月23日

いシグナルが出た。資金管理を適切に行えば、これによって利益を倍増することもできる。

　価格がフィボナッチ３分割の外に出てジャーディンレンジのどちらかの端に向かったときにトレードをする方法は、ほかにもたくさんある。１つの方法は、スイングトレードの手法を使って変動幅をカバーする方法だ。もう１つの方法は下降する価格でスキャルピングをして小商いをするものだ。これにはたくさんの手法があるが、詳しくは前著をご覧いただきたい。

理解度確認テスト

1. フィボナッチの3分割とは？
    a．2つのVPCの間をフィボナッチ水準で分割したもの
    b．直近の最高値と最安値で囲まれた領域での戻し
    c．フィボナッチの連続3波動における3番目の波
    d．フィボナッチレンジからのエクステンションによるターゲット

2. フィボナッチの3分割の一番上の領域では何ができるか？
    a．ジャーディンレンジの上端に向かう買いトレードをする
    b．ジャーディンレンジの下端に向かう売りトレードをする
    c．3分割の真ん中の領域から価格が上昇して出るのを待って買いトレードをする
    d．VPCの上から価格が下降してその領域に入ったあとで売りトレードをする

3. フィボナッチの3分割の真ん中の領域では何ができるか？
    a．価格がその上端を上抜けたときに買いトレードをする
    b．価格がその下端を下抜けたときに売りトレードをする
    c．この領域にいる間はトレードをしない
    d．上記すべて

4. フィボナッチの3分割の一番下の領域では何ができるか？
    a．真ん中の領域に向かう買いトレードをする

b．ジャーディンレンジの底に向かう売りトレードをする

c．3分割の真ん中の領域から価格が下降して出るのを待って売りトレードをする

d．VPCの下から価格が上昇してきたときに買いトレードをする

☞ 解答は201ページに

付録

理解を深めるための手引き

Trading Resource Guide

付録A　基本的構成要素
Building Blocks

　自然界にあるものにはすべて基本的構成要素がある。宇宙が原子から構成されているように、相場も**マーケットストラクチャー**と呼ばれる基本ユニットによって構成されている。そして、原子に陽子と電子の2つの基本的物質があるように、相場にも2種類のストラクチャーが存在する。**マーケット・ストラクチャー・ロー（MSL）**と**マーケット・ストラクチャー・ハイ（MSH）**だ。
　値動きの多くはMSLとMSH、および両者の組み合わせを用いて説明できる。同様にして、ここで論じていることはMSLとMSH、そしてその2つで構成されるパターン、1-2-3反転で説明できる。
　ここからの解説の目的は、特定のチャートパターンがどのようにして形成され、それらがどのようにして売買判断を下すシグナルとなるか示すことである。
　心しなければならないのは、単独のシグナルだけでは出発点にしかならないということだ。私の方法を使って合理的にトレードするには、裏づけのためのシグナルが必要だ。MSLとMSHは検討するためのきっかけになるだけであり、ただちに行動を起こすための確実なシグナルだと考えてはいけない。したがって、チャート上になんらかのパターンが現れても、売買することを決める前に裏づけのシグナルが出るのを待たなければならない。

マーケット・ストラクチャー・ロー（MSL）

　チャートパターンを分析する目的は、価格トレンド転換のシグナルを見つけるためである。チャーチストたちは、程度の差はあれ、価格の動きとトレンドはチャートパターンで予測できると信じている。これからパターンの実例をいくつか挙げるが、共通して留意しておくべきことは、トレーディングレンジや価格トレンドがどのようにして形成されるかを知るためのキーになるのは支持線と抵抗線の概念だということである。

　支持線は、ある特定のトレーディングレンジで大底となるであろうラインである。トレンドが変わらず継続している間は支持線はそのまま維持され、価格が支持線を割ることはない。

　抵抗線は支持線の反対で、ある特定のトレーディングレンジにおいて天井となるであろうラインである。トレンドが変わらず継続している間は抵抗線はそのまま維持され、価格が抵抗線を突破することはない。

　トレーディングレンジは、必ずしも特定の価格水準にとどまるとは限らず、徐々に上昇したり下降したりもする。いずれの場合でも、トレーディングレンジは1つのパターンとして認識され、チャーチストはそこにトレンド反転のシグナルを見つけようとする。

　株価や株価指数はボラティリティの低いものが多く、いったんトレーディングレンジが形成されると、長い間、変化しないことが多い。どういう種類のチャートであれ、その目的は、すでにあるトレンドと、そのトレンドからの変化を見つけることにある。支持線と

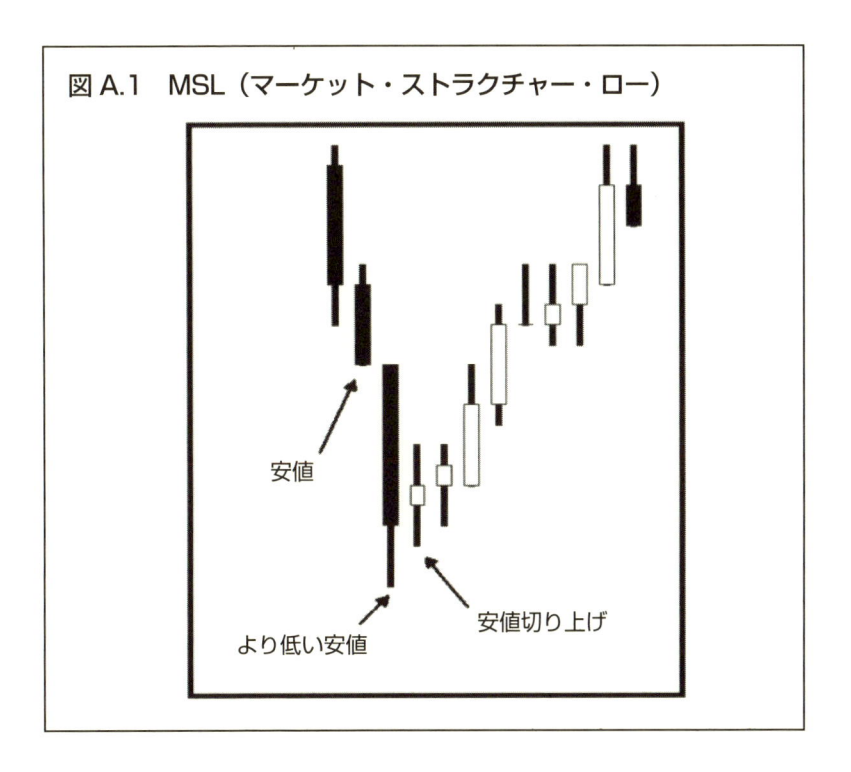

図A.1 MSL（マーケット・ストラクチャー・ロー）

図中ラベル：安値、より低い安値、安値切り上げ

　抵抗線の概念を理解するにつれ、ボラティリティの低い株式よりもボラティリティの高い株式のほうが、より多く反転シグナルを出すことに気づくはずだ。

　MSLは下降トレンドから上昇トレンドへの反転の可能性を示す最初のシグナルだ。通常は連続する3本のローソク足で構成される。安値→より低い安値→安値切り上げである。「安値」は終値でなく、ローソク足の実際の安値で見る。

　理想的な形は、図A.1に見られるように、安値とそれより低い安

図A.2　ダブルボトム型MSL

ダブルボトム

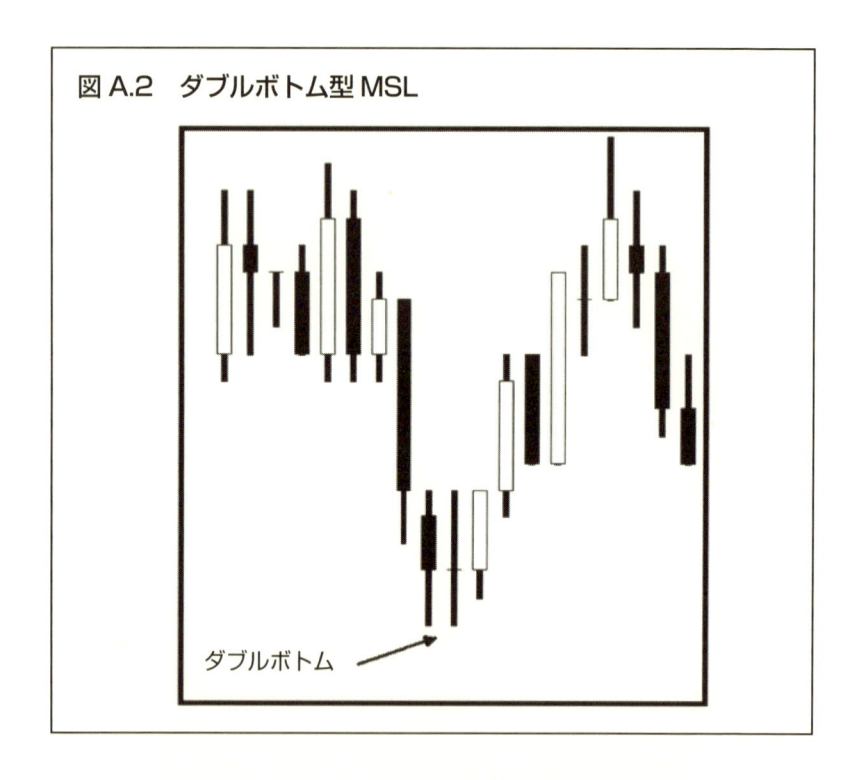

値のローソク足が2本とも「陰線」(終値が始値よりも低い)になっており、3番目のローソク足は「陽線」(終値が始値よりも高い)になっていることである。

　MSLは図A.1で示すように、価格が3本目のローソク足を超えて上昇したとき、初めて本物だと分かる。しかし、いうまでもなく、これだけを見て買いを仕掛けるのは危険だ。

　同じ安値を持つ2本のローソク足もMSLとなる。これはダブルボトムともいわれる。図A.2にそれを示した。

ダブルボトムは、多くのチャーチストがトレンドの転換を示す強いシグナルと考えるパターンだ。理想的には、ダブルボトムの最初のローソク足が陰線で、２番目のローソク足が陽線であることが望ましい。**図A.2**の例では２番目のローソク足が寄引同事線（始値と終値が同じ）になっており、シグナルとしての強さは中立である。

● スイングローと同じではない

MSLは「スイングロー」（訳注　前後何本かのローソク足がそのローソク足よりも高値となって谷を形成するパターン）と同じだというトレーダーがいるかもしれない。それは、正方形が長方形と同じだというようなものだ。

MSLは、３本目のローソク足が買いトレードを仕掛ける、または売りトレードを手仕舞うことを考えるシグナルとなるという点、トレンドが転換する可能性をはっきりと示す形だという点でスイングローと異なる。

マーケット・ストラクチャー・ハイ（MSH）

MSLの逆がMSHである。上昇トレンドから下降トレンドへ反転の可能性を示す最初のシグナルだ。通常は連続する３本のローソク足で構成される。高値→より高い高値→高値切り下げである。「高値」は終値でなく、ローソク足のヒゲないしは実体が示す実際の高値で見る（**図A.3**）。

繰り返す。MSHが本物だと裏づけられるのは価格がMSHパター

図A.3 MSH（マーケット・ストラクチャー・ハイ）

より高い高値

高値

高値切り下げ

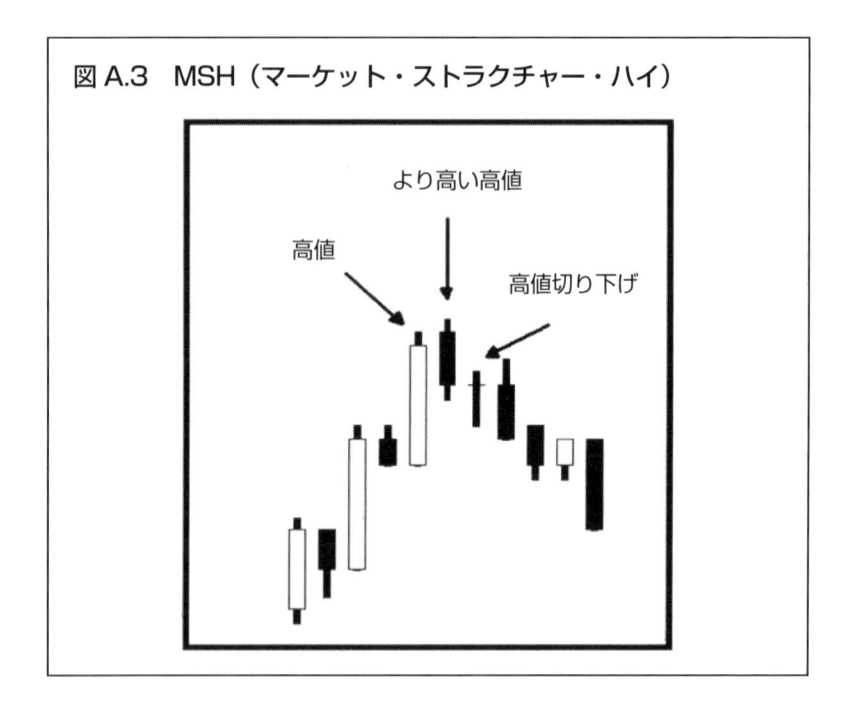

ンの3本目のローソク足の安値よりも下回ったときである。

　MSLのときと同様、MSHは「スイングハイ」（訳注　前後の何本かのローソク足がそのローソク足より安値となって山を形成するパターン）と同じだというトレーダーがいるかもしれないが、そうではない。MSHは「引き金の引かれたスイングハイ」だと考えてほしい。

1-2-3反転パターン

　次の重要な構成要素は、MSLとMSHを組み合わせたものである。

図 A.4　上向きの 1-2-3 反転

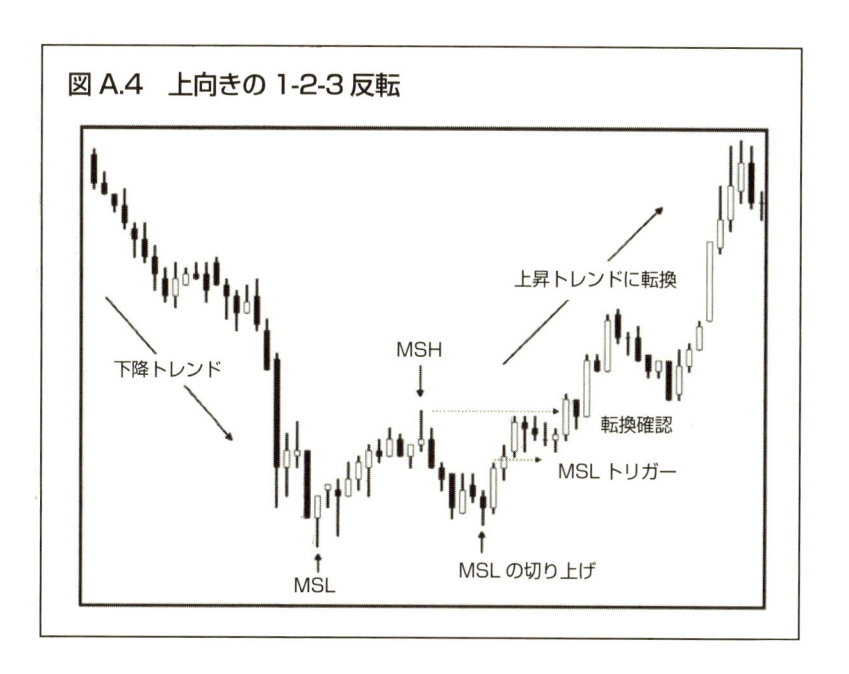

（チャート図：下降トレンド → MSL → MSH → MSL の切り上げ → MSL トリガー → 転換確認 → 上昇トレンドに転換）

　MSLがトレンド反転の可能性を示す最初のシグナルとなるのと同様に、MSL、MSH、さらに切り上げたMSLの組み合わせは、下降トレンドが上昇トレンドに転換したことを確定するパターンとなる。そのことを**図A.4**に示した。

　最初のMSLによるシグナルが、切り上げたMSLによって確認されたところが、買いトレードを仕掛けるポイント候補の1つだ。しかし、直前のMSHの高値を抜く上昇がないと、反転が確かなものになったとはいえない。

　あとから振り返って見ると、このパターンを認識するのは簡単なように思える。だが、反転トレンドが作られ始めるときに同じ判断

をするのは、それほど簡単ではない。ほかの場合と同様、1-2-3反転パターンでも、経験を積んだアナリストなら、フィボナッチ比率による正確なターゲット設定が可能だ。だからこそ、このパターンが形成されたことを確かめるのが、このパターンを上手にトレードに利用するうえで重要なのである。

理解度確認テスト

1. MSLとは？
   a. 安値→安値切り上げ→より高い高値で、ローソク足が連続するパターン
   b. 安値→より低い安値→安値切り上げで、ローソク足が連続するパターン
   c. 安値→安値切り上げ→再びより低い安値で、ローソク足が連続するパターン
   d. 高値→安値→安値切り上げで、ローソク足が連続するパターン

2. MSLは何のシグナルか？
   a. 買いトレードの手仕舞い
   b. 売りトレードの手仕舞い
   c. 上昇トレンドから下降トレンドへの反転を示す最初のシグナル
   d. 下降トレンドから上昇トレンドの反転を示す最初のシグナル

3. MSLは何によって裏づけられるか？
   a. 安値のところで
   b. 高値のところで
   c. 価格が「より高い安値」を超えて上昇したとき
   d. 価格が「より高い安値」より下げたとき

4. MSHとは？
    a. 高値→より高い高値→高値切り下げで、ローソク足が連続するパターン
    b. 高値→高値切り下げ→より低い安値で、ローソク足が連続するパターン
    c. 高値→より低い安値→再びより高い高値で、ローソク足が連続するパターン
    d. 安値→高値→高値切り下げで、ローソク足が連続するパターン

5. 1-2-3反転パターンとは？
    a. フィボナッチ数列に似た数の連なり
    b. MSLとMSHの組み合わせからなる、トレンド反転を示すパターン
    c. エリオット波動理論の構成要素
    d. 以上のすべて
    e. aとb
    f. bとc

6. 1-2-3反転パターンとシード波の関係は？
    a. 1と2がシード波となる
    b. 2と3がシード波となる
    c. 3の後でシード波が発生する
    d. 両者に関係はない

☞ 解答は201ページに

付録B　フィボナッチ数について
Fibonacci Review

```
1123581321
```

　この数はいったい何だろう。
　『ダ・ヴィンチ・コード』をお読みになったか、映画でご覧になった方は、この「1123581321」という数がシオン修道会の秘密を解き明かす暗号として使われていたことを覚えているかもしれない。そして、数学に詳しい方なら、これらの数字が以下のようなシンプルな数列であることに気づかれたかもしれない。

```
1、1、2、3、5、8、13、21……
```

　この数列自体にミステリアスなものはほとんどない。それどころか、数字どうしの関係は自明ともいえる。これはフィボナッチ数列と呼ばれるもので、連続する2つの数を足し合わせるとその次の数が得られるにすぎない。
　しかし、それ以外に1つの興味深い共通点をこれらの数字は持っている。ある数を1つ前の数で割ると、答えが必ず1.618になるのだ。この数は**黄金比**という名前で知られている（なお、黄金比の正

確な値は1.6180339887である。数列の最初のほうのペア同士で計算すると、3÷2、8÷5のように、答えが正確に1.618とはならないことに気づかれたかもしれない。数列の後ろのほうへ目を進めてほしい。数列の後ろに行けば行くほど、答えは1.618に近づいていく。例えば、21÷13 = 1.615、89÷55 = 1.618181818である）。

レオナルド・フィボナッチとそのウサギたち

12世紀、イタリアのピサにレオナルド・フィボナッチという修道僧が、ウサギの繁殖パターンを研究していた。そして、ウサギの数が増えていくパターンをうまく説明できるエレガントでシンプルな数列を発見した。**図B.1**はそのウサギの繁殖パターンを示したものである。

数列は0と1から始まり、隣り合う2つの数を足し合わせると次の数が得られる。つまり、0 + 1 = 1、1 + 1 = 2、1 + 2 = 3、2 + 3 = 5、3 + 5 = 8……となる。この数列を使うと、太陽系の各惑星の太陽からの距離から、木の年輪の形成パターン、人体の各部分の比率、オオバナノコギリソウの枝の生え方にいたる、自然界の驚くほど多種多様な基本的成長パターンを説明できる。

なぜ、これほど多くの自然界のプロセスをこの単純な数列で説明できるのかについては、過去700年にわたって、哲学者や数学者の間でずっと議論になっている。それよりもっと不思議なのは、このフィボナッチ数列が驚くほどの頻度で金融市場でも出現することだろう。

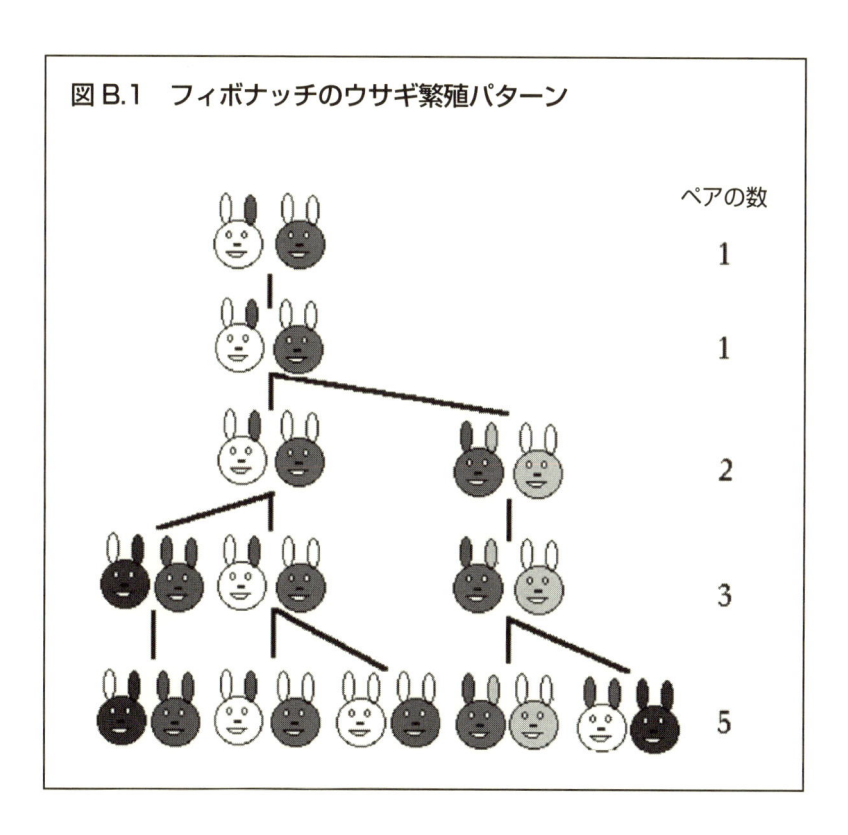

図 B.1 フィボナッチのウサギ繁殖パターン

ペアの数
1
1
2
3
5

　トレーダーが売買タイミングを決めるために使う数字や計算式はほかにもたくさんある。だが、フィボナッチ数列ほど相場を普遍的に説明し、混沌とした相場の様子をかくもエレガントかつシンプルに、誰にも分かりやすい意味へと変換してくれるものはない。
　フィボナッチ数列をトレードへ応用する前提となるのは、自然を金融市場へと結びつける両者共通の糸の存在で、それが「シード（種）」の概念だ。フィボナッチ数列で説明される自然界のパター

ンのほとんどすべてが、なんらかのシードを持っている。同様に、金融市場でのトレンドもある種のシードから生まれる。

黄金比

今述べたことがどのように関係してくるのかを知るために、フィボナッチ数列の最初のほうの数を見てみよう。

1 2 3 5 8 13 21 **34 55** 89 144 233 377

これらの数字の間には「黄金比」と呼ばれる興味深い関係がある。数列のどの数をとっても直前の数のおよそ1.618倍に、直後の数の0.618倍になっている。例えば、34×1.618＝55であり、55×0.618＝34である（なお、このことは、最初のほうの数には当てはまらないものの、数列の後ろのほうに向かえば向かうほど、前後の数の比率は1.618と0.618へと近づいていく）。

1.618と0.618という数はフィボナッチ数列のなかのある数と次の数の関係を示すだけでなく、株価の上昇とそれに続く上昇の関係をも示してくれる。例えば、株価が8上昇したとすると、8に1.618をかけた13が、次の上昇の見込み値となる。

●そのほかの比率

このロジックを拡張すると、フィボナッチ数列の、隣り合う2つの数の関係が重要なのと同様に、ある数とその2つ先、3つ先の数

との関係も重要となる。

1 2 3 5 8 13 21 **34** 55 **89** 144 233 377

1 2 3 5 8 13 21 **34** 55 89 **144** 233 377

これにより2番目に重要な比率（0.382と2.618）と3番目に重要な比率（0.236と4.682）が得られる。主要なフィボナッチ水準を表にすると次のようになる。

フィボナッチ順番	伸び率（目標）	リトレースメント（反転ポイント）	インバース（反転ポイント）
2	1.618	0.618	0.382
3	2.618	0.382	0.618
4	4.236	0.236	0.764
その他	1.382	0.500	0.500

波動パターン

フィボナッチ数列を市場に応用する前にトレンドの伸びとリトレースメント（押し・戻り）の関係を見ておきたい。相場がどのように動くかを理解するのに重要だ。

トレーダーにとって幸いなことに、価格は一直線に動かない。「押し目」「戻り」が発生してトレードに入る機会を作るとともに、そ

のトレードをいつ手仕舞うかの判断材料も与えてくれる。

　一般的に売り手より買い手が多ければ、価格は上昇する。そして、それによってさらに多くの買い手と意欲的な売り手をひきつける。このトレンドは買い勢力が弱まるで続く。

　買い勢力が弱まると、価格はそれまでのトレンドとは逆方向に動くことが多い。そうなるのは、買い手が利食いをするために売り手に回るからである。その結果、買い手よりも売り手が多くなり、価格を押し下げることになる。

　トレンドのなかでは、ゴムが伸び縮みするように、ある程度価格が上昇すると、その反動がある。売り手が利食いを終えると、全体的な上昇トレンドがまだ崩れていなければ、押し目から次の上昇が始まることになる。

　上昇、押し、次のさらなる上昇の組み合わせが、図B.2に示すような波動パターンを作る。

　波動パターンがMSLとそれに続くMSH、さらにそれに続くより高いMSLで形作られていることに注目してほしい。この「MSL、MSH、MSLの切り上げ」の組み合わせがすべての波動の基本的構造である。下降する波動パターンは単純にその逆の「MSH、MSL、MSHの切り下げ」となる。

　トレンドの第1波はシード波と呼ばれる。トレンドの成長の種（シード）となるからである。ちなみにシード波という用語は物理学の世界ではよく使われるが、金融商品のテクニカル分析でこの用語を初めて使ったのはラッセル・A・ロックハート博士である。

　さて、フィボナッチ数列から得られる比率を使って、ある波の戻

図 B.2 波のパターン

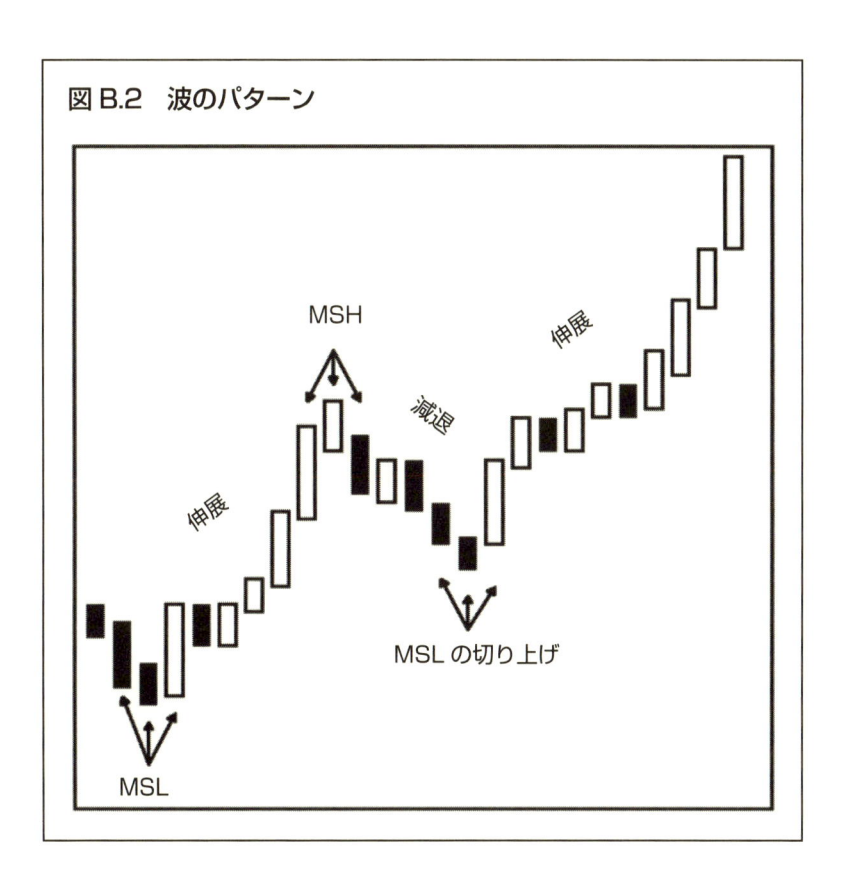

MSH
伸展
減退
伸展
MSL の切り上げ
MSL

しの大きさや次の波の高さを予測できる。そのために必要なデータは第1波の高さだけである。

　図B.3でも図B.2と同様の波のパターンが見られる。もっとも、マイクロソフト株の実際のチャートなので、現実世界を反映して図B.2よりも雑然としている。

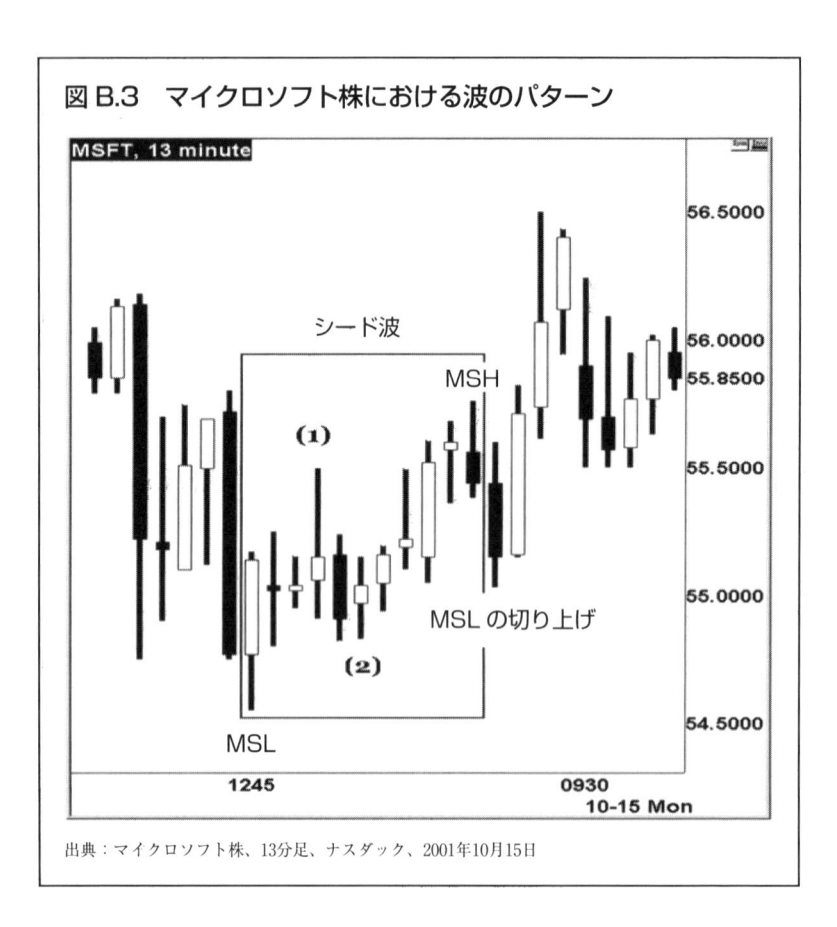

図B.3 マイクロソフト株における波のパターン

```
MSFT, 13 minute
                                              56.5000
                シード波
                                              56.0000
                       MSH                    55.8500
           (1)
                                              55.5000

                                              55.0000
                            MSLの切り上げ
           (2)
                                              54.5000
     MSL
     1245              0930
                       10-15 Mon
```

出典：マイクロソフト株、13分足、ナスダック、2001年10月15日

- ここでもMSL、MSH、より高いMSLのパターンが表れていることに注目してほしい。
- この波のパターンが下降トレンドから上昇トレンドに（売りトレンドから買いトレンドに）反転する始まりになっていることにも注目。だからこそシード波なのである。

フィボナッチ数列を使って波の大きさを予測する

　さて、いまやシード波をとらえることができたので、フィボナッチの成長率を使って次の波がどれくらい高くなるかを見積もることがきる。これはとても有用な情報である。それによって手仕舞いのタイミングを決めることができる。

　図B.4をご覧いただきたい。フィボナッチ比率は、必ず第2の波があると示唆しているわけではないことに注意する必要がある。

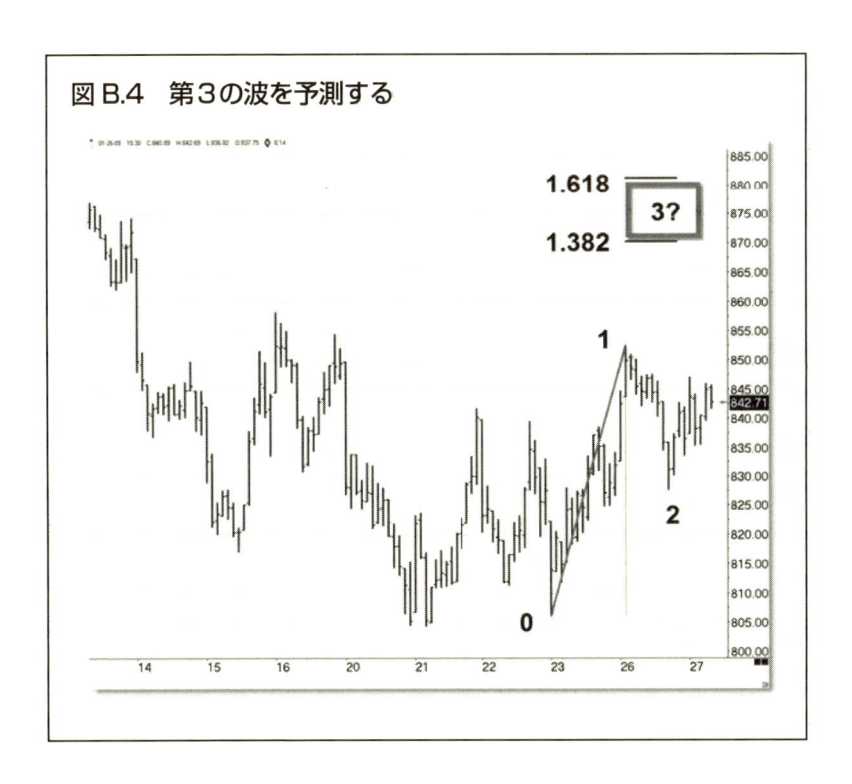

図 B.4　第3の波を予測する

フィボナッチ比率が告げるのは、第2のより高い波があったらどうすればいいかだけである。
　第2のより高い波が実際にあったとしても、その波がフィボナッチ比率で予測される目標に必ず届くとか、届いたときにさらに高い波が生まれることはないといったことを教えてくれるわけでもない。フィボナッチ数列が明快に、平均の法則の範囲内で教えてくれるのは「手仕舞いに理想的な場所はどこか？」である。

理解度確認テスト

1．フィボナッチ数列では、ある数を直前の数で割るといくつになるか？
    a．1.5
    b．1.618
    c．1.382
    d．2.0

2．フィボナッチ数列のある数を2つ前の数で割るといくつになるか？
    a．1.5
    b．1.618
    c．1.382
    d．2.618

3．フィボナッチ数列のある数を直後の数で割るといくつになるか？
    a．0.382
    b．0.5
    c．0.618
    d．1.27

4．フィボナッチ数を使って次の波の大きさをどう予測するか？
    a．シード波の高さに1.382～1.618をかけた値を使う
    b．0.382～0.618を直前の波に対する反動の予測に使う
    c．トレンド反転直前の波の高さの1.618倍を使う

d．第1波の高さを2倍する

☞　解答は201ページに

付録C　500日間の売買結果
500-Day Trade Summary

　これは、ユニバーサルチャートを使ったＥミニS&P先物での500日間（2008年５月13日から2009年11月６日まで）の売買記録をまとめたものである。データはすべて私のブログに掲載したチャートのアーカイブからとっている。

　ほとんどすべてのトレードについて、実施する前にあらかじめブログで予告している。損をしたトレードも記録から除外していない。ときどきトレードの間隔があいていることがあるのは、私が旅行好きなのと、朝犬を散歩に連れて行くことがあるからだ。しかし、ブログに掲載したトレードはすべて**表C.1**に載せている（１日に複数回のトレードをしたときもある）。

　トレードの成績について、いくつかコメントしておく。

　500日間の総トレード数は111で、総利益は87.25ポイントである。ESでは１ポイント＝50ドルの損益なので、１枚あたり4362ドル50セント（手数料込み）の利益に相当する。

　格安の証券会社を使えば手数料は１枚あたり往復５ドル程度ですむ。往復５ドルの手数料を総利益から引けば、純利益は１枚あたり3807ドルとなる。これを年平均にすると2564ドルだ。

　１枚あたりの投資額が5000ドルだとすると、年間利益率は約50パーセントである。現在の預金金利と比べれば悪くない数字ではな

表 C.1　500 日間の売買記録

年月日	結果	年月日	結果	年月日	結果
08/05/13	0.50	08/10/31	1.75	09/05/12	1.25
08/05/14	2.00	08/11/24	0.75	09/05/13	2.75
08/05/20	0.25	08/12/01	0.00	09/05/15	4.00
08/05/21	-5.50	08/12/02	1.00	09/05/16	0.75
08/05/27	0.50	08/12/03	2.00	09/05/18	
08/05/29	-7.50	08/12/05		09/05/20	0.00
08/06/03	2.25	08/12/11	2.25	09/05/21	2.00
08/06/17	0.25	08/12/19	3.00	09/05/26	-8.00
08/06/20	2.00	08/12/22	2.25	09/05/26	-0.75
08/07/29	-3.25	09/01/06	2.25	09/06/16	-6.25
08/08/04	2.00	09/01/07	1.00	09/06/17	0.00
08/08/05	3.25	09/01/09	-6.50	09/06/18	2.00
08/08/08	-5.50	09/01/12	3.00	09/06/25	1.25
08/08/08		09/01/13	3.00	09/06/25	0.25
08/08/18	-3.75	09/01/15	3.00	09/06/29	3.50
08/08/21	1.00	09/01/22	1.00	09/07/06	1.75
08/08/22	2.50	09/01/23	0.25	09/07/07	2.00
08/08/25	-1.50	09/01/26	1.50	09/07/08	0.00
08/08/26	0.00	09/01/28		09/07/13	-3.00
08/08/25	3.00	09/01/29	4.25	09/07/13	3.25
08/09/03	-1.00	09/02/03	3.25	09/07/15	-3.00
08/09/02	1.00	09/02/05	-3.25	09/07/23	
08/09/05	1.00	09/02/06	0.50	09/08/14	-3.25
08/09/09	0.00	09/02/06	2.50	09/08/19	
08/09/15	-0.25	09/02/12	-1.75	09/08/19	2.00
08/09/17	2.00	09/02/20	5.00	09/08/24	2.50
08/09/18	0.00	09/02/23	-5.25	09/08/25	3.50
08/09/19	-1.00	09/02/24	2.50	09/09/11	-2.00
08/10/09	1.00	09/02/25	3.75	09/09/14	1.00
08/10/13		09/02/26	2.50	09/09/18	0.50
08/10/14	2.00	09/03/03	0.75	09/09/25	1.50
08/10/14	1.50	09/03/06	3.00	09/09/25	3.25
08/10/15	2.00	09/03/10	1.50	09/10/05	1.50
08/10/21	-1.50	09/04/15	0.00	09/10/06	3.00
08/10/23	3.25	09/04/20	-1.50	09/10/07	3.00
08/10/24	4.00	09/04/24	1.25	09/10/13	2.50
08/10/27	3.50	09/04/28	2.50	09/10/16	3.25
08/10/30	3.25	09/05/04	0.00	09/11/03	0.50
08/10/31	2.00	09/05/07	4.00	09/11/06	-1.50

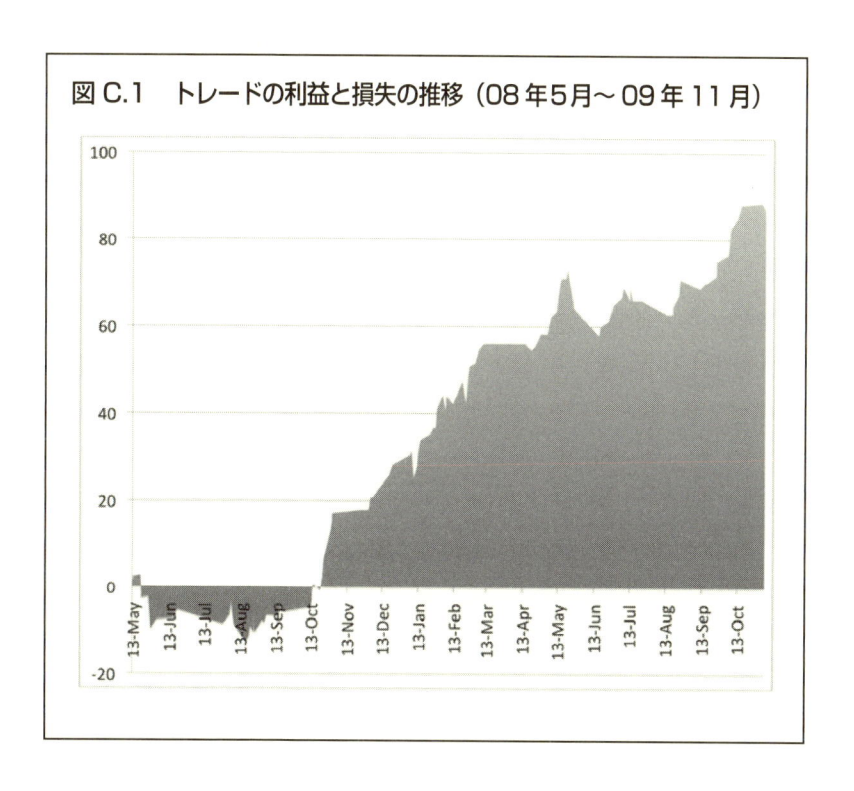

図C.1　トレードの利益と損失の推移（08年5月～09年11月）

いだろうか。もちろん、そのためにはある程度の時間をトレードにかける必要がある。しかし、私がそうであるように、旅行をしたり、ほかのことをしたりする時間は十分にある。

　勝率や損失額を知りたいという読者もおられるだろう。**表C.1**のデータを用いて利益と損失の推移をグラフにしたのが**図C.1**である。

　この図を見れば、長い間には失敗もあることを感覚的に見てとることができるだろう。この期間では全トレードの70パーセントで利益（いうまでもなく、手数料を払えるだけの利益）を上げている。

グラフの縦軸の単位はESのポイント数である。曲線のフラットな部分は、私が留守にするか、トレードの成り行きにやきもきする以外のことに時間を使っていた期間を示している。

用語集

ケルトナーチャネル（Keltner Channel）
移動平均による帯状の指標。上下のバンドはアベレージ・トゥルー・レンジを用いて価格のボラティリティの変化を表現している。

コンジェクチャーライン（Conjecture Lines）
数学的な計算式によって得られる、今後市場で何が起きるかを知るための指標。市場はそんなものがあることは知らない。

シード波（Seed Wave）
トレンドを作る一連の波の第1波。シード波が発生するのは常にトレンド反転の場所である。例えば、下降トレンドの場合は、反対方向に上昇する値動きがシード波となる。シード波であることが確実になるのは、1-2-3反転の形成が確認されてからである。

シードリトレースメント（Seed Retracement）
シード波となる可能性のある変動からの最初の戻し。シード波は一連の動きにおける第1波であり、シードリトレースメントは第2波である。両波を組み合せることにより第3波の天井の目標圏を精度高く予測できる。

支持・抵抗線（S/R = Support/Resistance）
下降トレンドで支持線が割り込まれると、支持線は常に反転上昇に対する抵抗線となる。逆に、抵抗線が上昇トレンドにおいて突破されると、抵抗線は常に反転下降に対する支持線となる。

ジャーディンレンジ（Jardine Range）
始値のすぐ上にあるバージンポイント・オブ・コントロール（VPC）とすぐ下にあるVPCを使った指標。これらのVPCは1日のトレードに最も大きな影響を与えるポイントである。

スキャルピング（Scalping）
1日に頻繁に売買を繰り返すトレーディングスタイル。小幅な値動きによる利益を狙ったトレードで、仕掛けから手仕舞いまで数秒ないしは数分で完結する。

ストキャスティックス（Stochastic）
終値を過去一定期間の価格変動範囲と比較することにより相場のモメンタム（勢い）を測るテクニカル指標。ストキャスティックスはオシレーター系の指標であり、その背景にある考えは、価格の上昇（下降）が進むにつれ、終値はある一定期間における最高値（最安値）に近づいていく傾向があるというものだ。この指標の値動きに対する感度は、対象期間を調整したり、結果の移動平均をとることにより下げることが可能である。

ダイバージェンス（乖離）（Divergence）

価格の変動パターンとオシレーター系の指標（MACD、ストキャスティックスなど）の変動パターンが乖離することであり、トレンドの勢いが弱まり、その結果として横ばいの揉み合い状態になったり、トレンドが反転したりする可能性が出てきたことを示す最初のシグナルとなる。

ダブルトップ（Double Top）

上昇トレンドの天井（ないしは天井となる可能性のある場所）で上昇が停滞し、同じ高値を持つ罫線が2本（必ずしも連続である必要はない）出現すること。ダブルトップは、トレーダーのほとんどがトレンドの転換を知らせる強いシグナルだと認識するチャートパターンの1つである。理想的には、最初のローソク足が陽線で、2本目のローソク足が陰線であることが望ましい。ダブルボトムもMSH（マーケット・ストラクチャー・ハイ）の一種である。

ダブルペナントプロファイル（Double Pennant Profile）

同じ大きさの、明瞭でシャープなペナントを2つ持つマーケットプロファイル。両方のペナントとも強さは同じで、相互に影響を与える。

ダブルボトム（Double Bottom）

下降トレンドの底（ないしは底となる可能性のある場所）で下降が停滞し、同じ安値を持つ罫線が2本（必ずしも連続である必要はない）出現すること。ダブルボトムは、トレーダーのほとんどがトレ

ンドの転換を知らせる強いシグナルだと認識するチャートパターンの1つである。理想的には、最初のローソク足が陰線で、2本目のローソク足が陽線であることが望ましい。ダブルボトムもMSL（マーケット・ストラクチャー・ロー）の一種である。

調整波（Correction Waves）
全体的なトレンドとは逆方向に進む波で、次に発生する順方向の波の前に自然な押し目（リトレースメント）を作る。上昇5波のパターンでは、第2波と第4波が調整波となる。

トレーリングストップ（Trailing Stop）
トレーリングストップとは、利益を保護するために、値動きに合わせてダイナミックに動かしていくストップ注文（逆指値注文）のことである。買いポジションを持っている場合は、価格の上昇に合わせてトレーリングストップを少しずつ上げていくことになり、売りポジションを持っている場合は、価格の下落に合わせて少しずつ下げていくことになる。

ノーマルプロファイル（Normal Profile）
1つの鋭く尖ったペナントを持つマーケットプロファイル。市場が狭いレンジで時間を費やしたことを意味する。

バージン・ポイント・オブ・コントロール（Virgin Point of Control）
まだ触れられていないポイント・オブ・コントロールのこと。つま

り、作られた以後まだ価格がそのポイントを再訪していないPOC。

波動パターン（Wave Pattern）
価格の上昇（下降）、戻し、さらに大きな上昇（下降）が波動パターンを形成する。

反転リトレースメント（Reversal Retracement）
直前の上昇波の50パーセント以上戻した調整波のこと。必ずではないが、トレンドの反転の始まりを表すことが多い。

反転ローソク足（Reversal Candle）
ローソク足の「陽線」（終値が始値より高いローソク足）が続いたあとに初めて出る「陰線」（終値が始値より低いローソク足）。逆に陰線が続いたあとに初めて出る陽線も反転ローソク足となる。

ピボットポイント（Pivot Points）
前日の高値、安値、終値を平均することによって算出されるテクニカル指標。ピボットポイントは支持・抵抗線の水準を予測する。

フィボナッチ数列（Fibonacci Sequence）
1、2、3、5、8、13、21、34、55……のように、数列を構成するどの数も直前の2つの数の和となるような数列。この数列はテクニカル分析において戻し（リトレースメント）の大きさを見積もるのに用いられる。

プライスヒストグラム（Price Histogram）
マーケットプロファイルとも呼ばれる。1日において各価格で費やされた相対的な時間の量を示すチャート。

フラットプロファイル（Flat Profile）
明瞭なペナントを持たないマーケットプロファイル。性格のはっきりしない、混然とした価格ゾーンであることを示す。

ブラントプロファイル（Blunt Profile）
ペナントのないマーケットプロファイル。市場が居心地よく感じる価格が1つもなかったことを示す。

ブレークイーブンストップ（Break-Even Stop）
手持ちのポジションの価値が仕掛けのときの価値より低くなったときに執行される、手仕舞いのためのストップ（逆指値注文）。

ヘッド・アンド・ショルダーズ（Head and Shoulders）
人間の頭と両肩の形に似たチャートパターン。上昇（下降）してきた価格がいったん一服して1つ目の"肩"を作り、そこからさらに大きく上昇（下降）して"頭"を形成したあと、下降（上昇）に転じ、途中で一服して2つ目の小さな"肩"を作ったもの。天井で作られるヘッド・アンド・ショルダーズは上昇トレンドから下降トレンドへの転換を、底で作られるヘッド・アンド・ショルダーズは下降トレンドから上昇トレンドへの転換を示唆する。

ポイント・オブ・コントロール（POC = Point of Control）

マーケットプロファイルにおいて、トレーダーがその日で最も時間を使った価格。POCは翌日以降の取引において「重力場」ないしは「価格誘引点」として働く。すなわち、価格が以前に作られたPOCに近づけば近づくほど、価格がその方向に動き続ける可能性が高くなる。

マーケット・ストラクチャー・ハイ（MSH = Market Structure High）

上昇トレンドから下降トレンドへの転換の可能性を示す最初のシグナル。MSHは通常3つの連続するローソク足で構成される。高値、より高い高値、高値切り下げである。MSLの逆。

マーケット・ストラクチャー・ロー（MSL = Market Structure Low）

下降トレンドから上昇トレンドへの転換の可能性を示す最初のシグナル。通常3つの連続するローソク足で構成される。安値、より低い安値、安値切り上げである。MSHの逆。

マーケットプロファイル™（Market Profile™）

プライスヒストグラムとも呼ばれる。1日のうちに各価格ポイントで費やされた相対的な時間の量を示すグラフ。

マイナー・ポイント・オブ・コントロール（MPC = Minor Point of Control）

マーケットプロファイルが複数のペナントを持つことがある。その場合の2番目に大きいペナントの頂点。最初のペナントと大きさが

同程度であれば、価格誘引力も同程度である。

マルチ・ペナント・プロファイル（Multiple Pennant Profile）
市場が最も時間を費やした場所である明瞭なペナントを2つ以上持つマーケットプロファイル。POCとMPCから成る。

メカニカルストップ（Mechanical Stop）
価格が指定した値より下げたら買いポジションを売るという、証券会社への注文。通常メカニカルストップは損切り注文として置かれる。

理解度確認テストの解答

第2章
1. c
2. a
3. d
4. c
5. e

第3章
1. a
2. b
3. c
4. a

第4章
1. c
2. b

第5章
1. c
2. e
3. b

第6章
1. b
2. a
3. c
4. a
5. c

第7章
1. a
2. d
3. b
4. c
5. F

第8章
1. f
2. c

第10章
1. a
2. c
3. d
4. c

付録A
1. b
2. d
3. c
4. a
5. b
6. a

付録B
1. b
2. d
3. c
4. a

【著者紹介】

マイケル・ジャーディン（Michael Jardine）

自らトレードをするほかに、トレードに関する教育、そしてブログ（Enthios.com）でのトレード報告を12年以上にわたって続けている。2003年に第2作（ネットトレードに関するものとしては第1作）となる『ニュー・フロンティアズ・イン・フィボナッチ・トレーディング』を出版し、ベストセラーとなった。シャネル、ウォルト・ディズニー、パタゴニアなどマーケット志向の会社で、管理職として世界を股にかけて活躍した経験を持つ、真の意味での"マーケット研究者"である。4人の子どもがおり、現在はワシントン州ベインブリッジ・アイランドに在住。1日のトレードを終えたら、LeftCoastLogic.comでプロダクテインメントソフトウェアを製作するなど、自らの教えを忠実に実践している。

【訳者紹介】

関岡孝平（せきおか・こうへい）

駿府生まれ、多摩在住。大学卒業後大手電気メーカーでコンピュータの開発に携わり、海外勤務も経験。数年前からまったくの独学で翻訳の勉強を開始。訳書に『投資家のヨットはどこにある?』（パンローリング）がある。本書は翻訳書として2作目となる。家族は男2人（自分も勘定にいれます）、女2人と犬2匹。趣味は読書、自転車、犬の相手。

2011年9月2日 初版第1刷発行

ウィザードブックシリーズ ⑱⑤

1日1回のレンジトレード
――シンプルで一貫した売買指針システム

著　者　マイケル・ジャーディン
訳　者　関岡孝平
発行者　後藤康徳
発行所　パンローリング株式会社
　　　　〒160-0023　東京都新宿区西新宿 7-9-18-6F
　　　　TEL 03-5386-7391　FAX 03-5386-7393
　　　　http://www.panrolling.com/
　　　　E-mail　info@panrolling.com
装　丁　パンローリング装丁室
印刷・製本　株式会社シナノ

ISBN978-4-7759-7152-9

落丁・乱丁本はお取り替えします。
また、本書の全部、または一部を複写・複製・転訳載、および磁気・光記録媒体に入力することなどは、著作権法上の例外を除き禁じられています。
©Kouhei Sekioka 2011 Printed in Japan

【免責事項】
本書で紹介している方法や技術、指標が利益を生む、あるいは損失につながることはないと仮定してはなりません。過去の結果は必ずしも将来の結果を示すものではなく、本書の実例は教育的な目的のみで用いられるものです。

関連書

ウィザードブックシリーズ 174
逆張りトレーダー
メディア日記を付けて投資機会を見極める
著者：カール・フティーア

定価 本体 3,800 円+税　ISBN:9784775971413

メディア日記（逆張り用の場帳）を書き留めれば「大衆筋」のポジションはわかる！「大衆は常に間違う」の実践的戦略これこそ、「レコーディング（書くだけ）トレード」の奥義！

ウィザードブックシリーズ 175
投資家のヨットはどこにある？
プロにだまされないための知恵
著者：フレッド・シュエッド・ジュニア

定価 本体 1,800 円+税　ISBN:9784775990971

投資の世界ではリターンが不確実であるのに対して、コストが確実にあるものだ。金融業界の本質は、今も昔も変わらない。

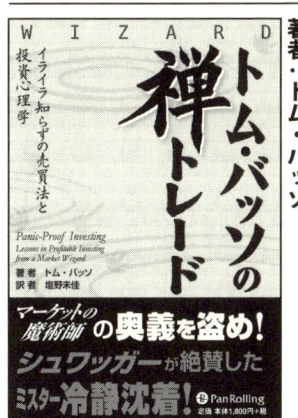

ウィザードブックシリーズ 176
トム・バッソの禅トレード
イライラ知らずの売買法と投資心理
著者：トム・バッソ

定価 本体 1,800 円+税　ISBN:9784775971437

マーケットの魔術師の奥義を盗め！シュワッガーが絶賛したミスター冷静沈着が説く投資で成功する心構えと方法とは？成功するための一番の近道である「自分自身を知ること」の重要性について明確にその答えを示している。

ウィザードブックシリーズ 169
コナーズの短期売買入門
トレーディングの非常識なエッジと必勝テクニック
著者：ブレット・N・スティーンバーガー

定価 本体 4,800 円+税　ISBN:9784775971369

「ストップは置くな！」「オーバーナイトで儲けろ！」短期売買の新バイブル降臨！時の変化に耐えうる短期売買手法の構築法。世の中が大きく変化するなかで、昔も儲って、今も変わらず儲かっている手法を伝授。

Pan Rolling オーディオブックシリーズ

規律とトレーダー
マーク・ダグラス
パンローリング 約440分
DL版 3,000円（税込）
CD版 3,990円（税込）

常識を捨てろ！ 手法や戦略よりも規律と心を磨け！ 相場の世界での一般常識は百害あって一利なし！ ロングセラー「ゾーン」の著者の名著がついにオーディオ化!!

売り上げ 1位

ゾーン
相場心理学入門
マーク・ダグラス
パンローリング 約530分
DL版 3,000円（税込）
CD版 3,990円（税込）

新発売

待望のオーディオブック新発売!! 恐怖心ゼロ、悩みゼロで、結果は気にせず、淡々と直感的に行動し、反応し、ただその瞬間に「するだけ」の境地、つまり、「ゾーン」に達した者が勝つ投資家になる！

その他の売れ筋

バビロンの大富豪
「繁栄と富と幸福」はいかにして築かれるのか
ジョージ・S・クレイソン
パンローリング 約400分
DL版 2,200円（税込）
CD版 2,940円（税込）

売れてます 不朽の名著！

不滅の名著！ 人生の指針と勇気を与えてくれる「黄金の知恵」と感動のストーリー！

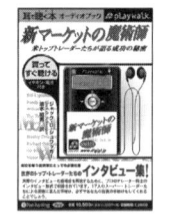

playwalk版 新マーケットの魔術師
ジャック・D・シュワッガー
パンローリング約1286分
DL版 5,000円（税込）

ロングセラー「新マーケットの魔術師」（パンローリング刊）のオーディオブック!!

マーケットの魔術師
ジャック・D・シュワッガー
パンローリング 約1075分
各章 2,800円（税込）

──米トップトレーダーが語る成功の秘訣──
世界中から絶賛されたあの名著がオーディオブックで登場！

マーケットの魔術師 システムトレーダー編
アート・コリンズ
パンローリング約760分
DL版 5,000円（税込）
CD-R版 6,090円（税込）

市場に勝った男たちが明かすメカニカルトレーディングのすべて

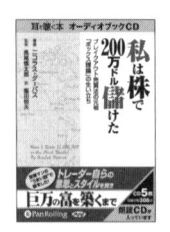

私は株で200万ドル儲けた
ニコラス・ダーバス
パンローリング約306分
DL版 1,200円（税込）
CD-R版 2,415円（税込）

営業マンの「うまい話」で損をしたトレーダーが、自らの意思とスタイルを貫いて巨万の富を築くまで──

孤高の相場師 リバモア流投機術
ジェシー・ローリストン・リバモア
パンローリング約161分
DL版 1,500円（税込）
CD-R版 2,415円（税込）

アメリカ屈指の投資家ウィリアム・オニールの教本！ 稀代の相場師が自ら書き残した投機の聖典がついに明らかに！

マーケットの魔術師～日出る国の勝者たち～
Vo.01 ～ Vo.43 続々発売中!!　　インタビュアー：清水昭男

Vo.22 今からでも遅くない資産計画：品格ある投資家であるためのライフプラン／岡本和久
Vo.23 ゴールデンで買い向かう暴落相場：長期投資にある余裕のロジック／澤上篤人
Vo.24 他人任せにしない私の資産形成：FXで開設したトレーディングの極意／山根亜希子
Vo.25 経済紙を読んでも勝てない相場：継続して勝利するシステム・トレーディング／岩本祐介
Vo.26 生きるテーマと目標達成：昨日より成長した自分を積み重ねる日々／米田隆
Vo.27 オプション取引：その極意と戦略のロジック／増田丞美
Vo.28 ロバストな視点：人生の目標と投資が交差する場所／田中久美子
Vo.29 過渡期相場の企業決算：生き残り銘柄の決算報告書／平林亮子
Vo.30 投資戦略と相場の潮流：大口資金の流通カレンダーを押さえろ／大岩川源太
Vo.31 意外とすごい サラリーマン投資家／平田啓
Vo.32 テクニカル+α：相場心理を映すシステムトレードの極意／一角太郎
Vo.33 底打ち宣言後の相場展開：国際的な視野で乗り越えよ！／不動修太郎
Vo.34 主戦戦略の交差点：トレンドを知り、タイミングを知る！／鈴木967
Vo.35 月給5000円からの株相場：勝利と時間を味方につけた資産構築／中野晴啓
Vo.36 ワンランク上のFX：創成期の為替ディーリングと修羅場から体得したもの／三沢誠
Vo.37 相場のカギ2010年：産業構造の変化と相場の頭打ち／青柳孝直
Vo.38 FX取引の魅力：賢い個人投資家との自己責任／林康史
Vo.39 杉田進タートルズ：日本のFXを救え!!!／杉田勝
Vo.40 FXと恋愛を救え!!!／池田央八
Vo.41 負けない、楽しい、長く付き合えるFX／西原宏一
Vo.42 FX投資とプロの視点／YEN蔵
Vo.43 相場の虚実と狭間／矢口新

Chart Gallery 4.0
for Windows

パンローリング相場アプリケーション
チャートギャラリー
Established Methods for Every Speculation

最強の投資環境

成績検証機能つき

● 価格（税込）
チャートギャラリー 4.0

エキスパート	147,000 円
プロ	84,000 円
スタンダード	29,400 円

お得なアップグレード版もあります

www.panrolling.com/pansoft/chtgal/

チャートギャラリーの特色

1. **豊富な指標と柔軟な設定**
   指標をいくつでも重ね書き可能
2. **十分な過去データ**
   最長約30年分の日足データを用意
3. **日々のデータは無料配信**
   わずか3分以内に最新データに更新
4. **週足、月足、年足を表示**
   日足に加え長期売買に役立ちます
5. **銘柄群**
   注目銘柄を一覧表にでき、ボタン1つで切り替え
6. **安心のサポート体勢**
   電子メールのご質問に無料でお答え
7. **独自システム開発の支援**
   高速のデータベースを簡単に使えます

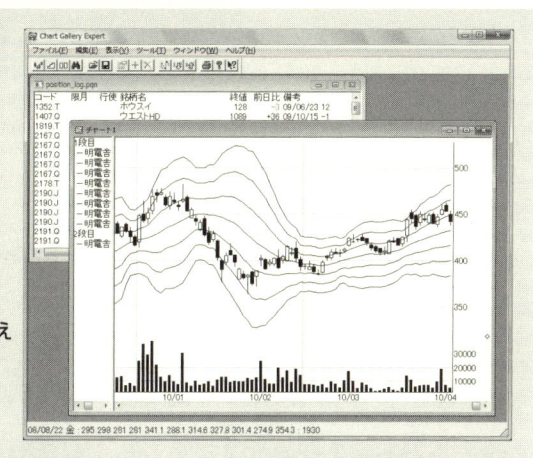

チャートギャラリー　エキスパート・プロの特色

1. 検索条件の成績検証機能 [エキスパート]
2. 強力な銘柄検索 (スクリーニング) 機能
3. 日経225先物、日経225オプション対応
4. 米国主要株式のデータの提供

検索条件の成績検証機能 [Expert]

指定した検索条件で売買した場合にどれくらいの利益が上がるか、全銘柄に対して成績を検証します。検索条件をそのまま検証できるので、よい売買法を思い付いたらその場でテスト、機能するものはそのまま毎日検索、というように作業にむだがありません。
表計算ソフトや面倒なプログラミングは不要です。マウスと数字キーだけであなただけの売買システムを作れます。利益額や合計だけでなく、最大引かされ幅や損益曲線なども表示するので、アイデアが長い間安定して使えそうかを見積もれます。

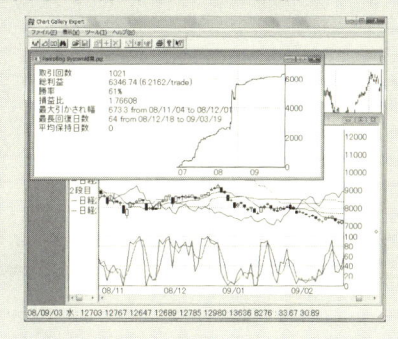

がんばる投資家の強い味方 Traders Shop

http://www.tradersshop.com/

24時間オープンの投資家専門店です。

パンローリングの通信販売サイト「**トレーダーズショップ**」は、個人投資家のためのお役立ちサイトです。書籍やビデオ、道具、セミナーなど、投資に役立つものがなんでも揃うコンビニエンスストアです。

他店では、入手困難な商品が手に入ります!!

- 投資セミナー
- 一目均衡表 原書
- 相場ソフトウェア
  チャートギャラリーなど多数
- 相場予測レポート
  フォーキャストなど多数
- セミナーDVD
- オーディオブック

ここでしか入手できないモノがある。

さあ、成功のためにがんばる投資家は
いますぐアクセスしよう!

トレーダーズショップ 無料 メールマガジン

●無料メールマガジン登録画面

トレーダーズショップをご利用いただいた皆様に、**お得なプレゼント**、今後の**新刊情報**、著者の方々が書かれた**コラム**、**人気ランキング**、ソフトウェアのバージョンアップ情報、そのほか投資に関するちょっとした情報などを定期的にお届けしています。

まずはこちらの
「**無料メールマガジン**」
からご登録ください!
または info@tradersshop.com まで。

パンローリング株式会社
お問い合わせは

〒160-0023 東京都新宿区西新宿 7-9-18-6F
Tel:03-5386-7391 Fax:03-5386-7393
http://www.panrolling.com/
E-Mail info@panrolling.com

携帯版